総合判例研究叢書

刑　法 (18)

有　斐　閣

序

フランスにおいて、自由法学の名とともに判例の研究が異常な発達を遂げているのは、その民法典が百五十余年の齢を重ねたからだといわれている。それに比較すると、わが国の諸法典は、まだ若い。最も古いものでも、六、七十年の年月を経たに過ぎない。しかし、わが国の諸法典は、いずれも、近代的法制を全く知らなかつたところに輸入されたものである。そのことを思えば、この六十年の間に極めて重要な判例の変遷があつたであろうことは、容易に想像がつく。事実、わが国の諸法典は、それに関連する判例の研究でこれを補充しなければ、その正確な意味を理解し得ないようになつている。

判例が法源であるかどうかの理論については、今日なお議論の余地があろう。しかし、実際問題として、多くの条項が判例によつてその具体的な意義を明らかにされているばかりでなく、判例によつて特殊の制度が創造されている例も、決して少なくはない。判例研究の重要なことについては、何人も異議のないことであろう。

判例の創造した特殊の制度の内容を明らかにするためにはもちろんのこと、判例によつて明らかにされた条項の意義を探るためにも、判例の総合的な研究が必要である。同一の事項についてのすべての判決を探り、取り扱われる事実の微妙な差異に注意しながら、総合的・発展的に研究するのでなければ、判例の研究は、決して終局の目的を達することはできない。そしてそれには、時間をかけた克明な努力を必要とする。

幸なことには、わが国でも、十数年来、そうした研究の必要が感じられ、優れた成果も少なくないようになつた。いまや、この成果を集め、足らざるを補ない、欠けたるを充たし、全分野にわたる研究を完成すべき時期に際会している。

かようにして、われわれは、全国の学者を動員し、すでに優れた研究のできているものについては、その補訂を乞い、まだ研究の尽されていないものについては、新たに適任者にお願いして、ここに「総合判例研究叢書」を編むことにした。第一回に発表したものは、各法域に亘る重要な問題のうち、研究成果の比較的早くでき上ると予想されるものである。これに洩れた事項でさらに重要なもののあることは、われわれもよく知つている。やがて、第二回、第三回と編集を継続して、完全な総合判例法の完成を期するつもりである。ここに、編集に当つての所信を述べ、協力される諸学者に深甚の謝意を表するとともに、同学の士の援助を願う次第である。

昭和三十一年五月

編集代表

小野清一郎　宮沢俊義

末川博　我妻栄

中川善之助

凡　例

一　判例の重要なものについては、判旨、事実、上告論旨等を引用し、各件毎に一連番号を附した。

二　判例年月日、巻数、頁数等を示すには、おおむね左の略号を用いた。

大判大五・一一・八民録二二・二〇七七　（大審院判決録）
（大正五年十一月八日、大審院判決、大審院民事判決録二十二輯二〇七七頁）
大判大一四・四・二三刑集四・二六二　（大審院判例集）
最判昭二二・一二・一五刑集一・一・八〇　（最高裁判所判例集）
（昭和二十二年十二月十五日、最高裁判所判決、最高裁判所刑事判例集一巻一号八〇頁）
大判昭二・一二・六新聞二七九一・一五　（法律新聞）
大判昭三・九・二〇評論一八民法五七五　（法律評論）
大判昭四・五・二二裁判例三刑法五五　（大審院裁判例）
福岡高判昭二六・一二・一四刑集四・一四・二一一四　（高等裁判所判例集）
大阪高判昭二八・七・四下級民集四・七・九七一　（下級裁判所民事裁判例集）
最判昭二八・二・二〇行政例集四・二・二三一　（行政事件裁判例集）
名古屋高判昭二五・五・八特一〇・七〇　（高等裁判所刑事判決特報）
東京高判昭三〇・一〇・二四東京高時報六・二民二四九　（東京高等裁判所判決時報）

札幌高決昭二九・七・二三高裁特報一・二・七一（高等裁判所刑事裁判特報）

前橋地決昭三〇・六・三〇労民集六・四・三八九（労働関係民事裁判例集）

その他に、例えば次のような略語を用いた。

裁判所時報＝裁　時　家庭裁判所月報＝家裁月報

判例時報＝判　時　判例タイムズ＝判　タ

目次

刑法における危険の概念

藤木英雄

騒擾の概念　大野平吉

刑法における危険の概念

藤 木 英 雄

はしがき

本稿は、標題は「刑法における危険の概念」という相当広範かつ包括的性質のものであるが、実際の内容は、公共危険罪における公共の危険の概念に関する判例の研究に限定されることとなった。これは、本文の第一章でことわつておいたような経緯により、とりあげる問題の範囲がおのずから制約されたためである。また、放火罪における公共の危険の意義については、放火罪に関し本叢書に予定されている部分に譲つたから、往来危険罪における往来の危険の概念が、本稿における中心課題となつた。

この分野についていては、理論上問題となる点がすくなくないが、判例の数はすくなく、主要な問題点を覆うには至つていない。この点は、判例研究としての本稿をまとめる上で大きな障害であつた。しかし、犯罪の性質の重大性という点からみて、この分野の判例がすくないということは、ある意味では、結構なことかも知れない。

一　危険の概念一般

刑法上、「危険」なる概念は、多岐に用いられている。大きく区分して、「危険」は、行為の属性として、その行為が、法益侵害を惹起する可能性をもつという意味での「行為の危険」と、行為者の属性として、かれが将来において犯罪遂行の可能性を有するという意味での「行為者の危険」とに二分される。しかしながら、現行刑法は、いわゆる「行為刑法」の思想に基づいて現実に運用されており、「行為者刑法」の思想は必ずしも現行法運用上の理念としては一般に承認をうける段階には至っていないのであつて、ことに、個々の犯罪成立要件、刑事責任の根拠を論ずるにあたつては、現状においては重要な役割を与えられていない。その観点において、総合判例研究叢書の課題としての「危険」の概念は、「行為の危険」に専ら集約されるものと考うべきである。

ところで、危険の概念が、犯罪構成要件の内容として大きな意味をもつてくる場合としては、二つの場合が重要である。一は、いわゆる危険犯――抽象的危険犯、具体的危険犯――について、法益侵害の脅威が構成要件上の「結果」と解せられている場合である。いま一つは、構成要件上の行為概念が、記述的・客観的概念に止まらず、価値的概念としての色彩を帯びる関係上、構成要件上の結果との関連において、結果発生の危険性が、行為概念を限定する役割を果す場合である（もつとも、この区別は絶対的なものではなく、危険犯のうち、抽象的危険犯についても多かれすくなかれ同様の現象が生ずる）。後者の場合は、問題は概ね、構成要件の規範的要素の具体的解釈適用に帰することになるであろう。そこで、危険概念が構成要件の内容としてとくに判例研究の関係で重要な意味をもつてくるのは、主としていわゆる危険犯についてであるということになる。

以上のほか、危険の概念が刑法上、ことに総則上重要な地位を占める場合がすくなからず存する。緊急避難における「現在の危難」の概念をはじめとして、未遂犯と不能犯との区別の標準としての「具体的危険」「抽象的危険」等の概念、不作為犯における作為義務、過失犯における注意義務（結果回避義務）の前提たる危険、あるいは、「許された危険」の概念など、極めて重要なものがすくなくない。しかし、本叢書においては、これらの問題と関連する「危険」の概念については、それぞれ独立の項目が設定されていることであるから、これらの問題については、ここでとりあげるには及ばないものと思料される。

そこで本稿においては、いわゆる危険犯における危険の概念を中心に論ずべきこととなるが、ここで危険というとき、法律上の概念としては、一般に、法益侵害の可能性ある状態として把握されるけれども、社会観念において危険というときには、生命・身体・財産という、具体的な、物理的実在をともなつた法益に対するものが主として連想されることであり、この種の法益に対する脅威――法益に対する実害発生の危険――は、主として公共危険罪において構成要件における結果に属するものとしてとりあげられている。そこで、この分野における「危険」の概念が、本稿において論ずるに適した問題であると考えられる。その他の比較的観念的な意味における危険は、それ以外の、主として個人的法益に対する罪に関して個々に論じられているから、事の性質上、それぞれの罪に関する研究に譲るのが適当であると思われる。かくして、本稿の対象は、いわゆる公共危険罪における危険の概念を論ずることに限定される。

二　公共の危険の概念

一　判例における定義

「公共の危険」の語は、放火罪、溢水罪に関し法典において用いられているが、往来妨害罪における「往来の危険」もまた公共の危険の特別の態様に他ならない。

なお、放火罪の章中、ガス・蒸気放流罪に関しては、「人の生命・身体又は財産に危険」を生ぜしめることが構成要件の内容とされていることに注意すべきである。

さて、公共の危険とは、一般不定の多数人をしてその生命・身体・財産に対し危害を蒙るおそれを感ぜしめるにつき相当の理由のある状態をいうとするのが判例である。【1】【2】は放火罪、【3】は溢水罪における公共の危険の意義に関するもの、【4】は、往来妨害罪における往来の危険の意義に関するものである。

【1】「……所謂公共ノ危険トハ其放火行為カ同条所定ノ物件ニ付キ発生セシメタル実害ヲ謂フニアラスシテ其放火行為ニヨリテ一般不特定ノ多数人ヲシテ前掲第百八条及第百九条ノ物件ニ延焼スル結果ヲ発生スヘキ虞アリト思料セシムルニ相当スル状態ヲ指称スルモノニ外ナラス」(大判明四四・四・二四刑録一七・六五五)。

【2】「刑法第百十六条第二項ニ所謂公共ノ危険ヲ生セシメタルトハ火ヲ失シテ自己ノ所有ニ係ル第百九条ノ物又ハ自己若クハ他人ノ所有ニ属スル第百十条ノ物ヲ焼燬シ因テ第百八条及ヒ第百九条ノ物ニ延焼セン

トシ其他一般不定ノ多数人ヲシテ生命身体及ヒ財産ニ対シテ危害ヲ感セシムルニ付キ相当ノ理由ヲ有スル状態ヲ発生シタルコトヲ謂フモノトス」（大判大五・九・一八刑録二二・一三五九）。

【3】「刑法第百二十条ニ所謂公共ノ危険ヲ生セシメタルトキハ溢水セシメテ同条所定ノ物件ヲ浸害スルニ止マラス其結果第百十九条ニ規定スル物件ニ波及シテ不特定ノ多数人ヲシテ其生命身体財産ニ付キ危険ヲ感セシムヘキ状態ヲ謂フモノトス」（大判明四四・六・二二刑録一七・一二四二）。

【4】「……現行刑法のいわゆる汽車電車の往来危険罪は、鉄道又はその標識を損壊し、又はその他の方法を以て、汽車又は電車の脱線、顚覆、衝突、破壊等、これら交通機関の往来に危険な結果を生ずる虞のある状態を発生させることにより成立するものと解するのが相当である」（最判昭三五・二・一八刑集一四・二・一三八）。

なお、公共の危険について、判例は、不特定の多数人の生命・身体・財産に対する脅威であるとするが（同旨、大場・各論(下)六三頁、泉二・大要四一六頁）、学説上は、近時、不特定又は多数人の生命・身体・財産に対する脅威であるとするものが有力になってきている（牧野・刑法研究(二)三三二頁、木村・各論二〇六頁、団藤・各論一一三頁、江家・各論九四頁等）。もっとも、判例は、例えば、放火罪における公共の危険を、一〇八条、一〇九条一項の物件への延焼の可能性としているから、解釈上、不特定且つ多数人とする学説との間に顕著な差異を生ずることはない。

二　公共の危険の程度、認定基準

公共の危険（ないし往来の危険）の発生が犯罪構成要件における結果に属せしめられている場合、すなわち具体的危険犯たる罪については、構成要件に類型化された行為のほかに、公共の危険ないし往来の危険の発生が、構成要件充足の要件となるのであるが、そこで、ここでいう「危険」とは何を意味するか、またその基準、認定の方法如何が問題となるのである。

危険とは、実害発生の可能性（Verletzungsmöglichkeit）という、極めてあいまいな内容のもので、抽象的危険犯においては危険性が当然に擬制されているが、具体的危険犯においては、行為の具体的な情況を背景に、危険の有無を判断しなければならない。

この場合、危険すなわち実害発生の可能性の程度は、実害の発生がおよそ不可能であるとはいえないという程度のものから、実害の発生が確実視される程度のものまで、極めてひろい範囲にわたっているから、どのような危険性があれば刑法により禁圧すべき事態となるかについて、一線を画さなければならない。放火罪における公共の危険に関しては、侵害の可能性が具体的な蓋然性の程度である場合に具体的公共の危険があると説かれている（小野・各論七三頁、団藤・各論一一三頁、後出判例【13】）が、その蓋然性のいかんは、客観的・数量的に定めらるべき筋合のものではなく、結局当該の危険な事態を刑法による禁圧の対象とすべきか否かの規範的判断、違法判断によつて決定されるものと考えねばならない。

元来、火力にせよ高速度輸送機関たる鉄道にせよ、一方において、常に何らかの意味で災害を惹起する危険を帯びながら、他面においてそれが人類の福祉向上に寄与する点が大であり、且つ人間が、その科学的な知識を背景として、そこから生ずる危険を適切に管理・統御することが可能であつて、現に具体的に危険に対処する管理・統御が適切になされているところに、刑法上このような危険が看過される根拠があるのである。危険が刑法上禁圧の対象とされるかどうかについては、単にその危険性の程度——危険率——が問題とされるのではなく、当該危険を惹起する行為の態様いかんが問題なのである。行為がまつたく無価値、反価値的であるときには、当該の危険が最少限——実害の発生がおよそ不可能であるとはいえない程度のものであつても具体的危険の発生ありとすることが可能であり、他方、当該行為が社会的に有益であるかすくなくとも放任されるようなものであり、且つ、危険防止の態勢が整えられていると客観的に認められるときには、実害発生の蓋然性があつても看過されることがあり得る。もつとも以上の諸事情は、数量的な可能性に還元されるものとみることも理論上は可能であるが、実際は、諸般の事情を考慮した総合的判断に落着くのであり、結局は、当該行為に対する健全なる常識を具えた普通人の理性的判断に基づく不安感の有無といつた心理的要素が重視されることにならざるを得ない。小野博士は、危険とは、害悪発生の蓋然性である、とされつつ、「その蓋然性があるかどうかは、健全な国民的理性の判断によるべきであつて、必ずしも物理的可能性の如何に拘らぬのである」とされ(各論七三頁、団藤・各論一一三頁同旨)、また牧野博士は、「一般の人をして不安を感じさせる程度」とされる(各論八八頁、江家・各論九四頁、なお判例【5】【8】)。もとより、物理的にみて、具体的な状況を考慮して実害発生のおそれが絶無である場合には、一般不特定人が当該行為に対してある程度の不安感を抱いたとしても、刑法による禁圧の対象とする必要はない。この点は、不能犯論と共通の問題である。

以上のように、危険の概念は、物理的意味における結果発生の可能性と、行為者の行為に際しての危険に対する態度との総合判断——当該行為に対して社会一般に、すなわち健全な常識をそなえた人の理性的判断において当該実害発生の不安を感ぜしめるか否か——に基づくものであるから、当該事情が公共の危険を構成するか否かは、個々の事例に即して具体的に判断さるべきである。一般的にいうと、往来危険罪については、鉄道妨害行為は極めて反価値性の強いもので、その社会的効用を云為する余地のないこと、また鉄道事故がしばしば重大な結果を惹起することに鑑み、最小限の危険性をもつて往来の危険ありとされるであろうが【34】、放火罪については、行為の態様、ことに行為者の危険に対する態度いかんにより、一律に論じえないものがあるように思われる【12】【13】。これらの点は、のちに、個々の罪について論ずるところにゆずる。

なお、放火罪における公共の危険の概念については、別稿「放火罪の客体・行為、及び結果」(本叢書続刊予定)においてもふれられる予定であるので、ここでは、ごく基本的な事項にのみ問題を限定することとした。

三　放火罪における公共の危険

一　放火罪における公共の危険の概念

放火罪における公共の危険の意義について判示した判例は必ずしも多くない。

放火罪の公共危険の内容は、すでに述べたとおり不特定又は多数人の生命・身体および財産に対して、火力により脅威を及ぼすことであるが、人の現在する、または人の住居に使用する住宅、建造物に関する火災は当然に公共の危険ありとされていることと対比して、一〇九条二項、一一〇条においては、当該火力が、同条の目的物から、人の住居に使用しまたは人の現在する住宅・建造物等に延焼する可能性のある状態を惹起するに至つたときは、公共の危険の発生ありと認めるのが判例である。

【5】「按スルニ放火罪ハ素ト公共ノ危険ニ対スル犯罪ナルヲ以テ刑法第百八条及第百九条第一項ニ規定

セル放火罪ニ在テハ其行為中ニ当然公共ニ対スル危険ノ観念ヲ包含スルモノトシテ特ニ公共ノ危険ヲ生セシメタル事実ヲ以テ犯罪構成ノ要件ト為サスト雖モ同法百十条ノ放火罪ニ至テハ其行為自体ニハ叙上ノ観念ヲ含蓄セサルカ故ニ其行為ニ因リテ公共ノ危険ヲ生セシメタル場合ニ於テ始メテ犯罪ヲ構成スルモノトス而シテ此ニ所謂公共ノ危険トハ其放火行為カ同条所定ノ物件ニ付キ発生セシメタル実害ヲ謂フニアラスシテ其放火行為ニヨリテ一般不特定ノ多数人ヲシテ前掲第百八条及第百九条ノ物件ニ延焼スル結果ヲ発生スヘキ虞アリト思料セシムルニ相当スル状態ヲ指称スルモノニ外ナラス……」（大判明四四・四・二四刑録一七・六五五）。

また、ダイナマイトによる金庫破りのごとき公共の危険の発生を認めうること当然であろう。

【6】「爆発物取締罰則第一条ニ身体財産トアルハ身体若ハ財産ノ義ニシテ爆発物ノ使用カ身体若ハ財産ヲ害セントスル目的ニ出テタルトキハ直ニ同条ノ罪ヲ構成スルモノト解スルヲ相当トス故ニ原判決ニ於テ被告カ判示金庫ヨリ金銭ヲ取出サント欲シダイナマイトニ雷管及導火線ヲ装置シタルモノヲ右金庫上ニ置キテ爆発セシメタル事実ヲ認メ之ニ同条ヲ適用シタルハ正当ナリ而シテ刑法第百十七条ハ前掲罰則第一条ヲ改廃シタルモノニ非サルノミナラス右所為ハ火薬類ヲ破壊セシメテ他人ノ家具ヲ損壊シ因テ公共ノ危険ヲ生セシメタルモノニシテ即チ刑法第百十七条ニモ該当シ結局一個ノ行為ニシテ二個ノ法条ニ触ルルモノナルモ此ノ場合ニハ罰則第十二条ニ依リ重キ同罰則第一条ヲ適用シテ処断スヘキモノトス」（大判大一一・三・三一刑集一・一八六）。

船舶の積荷の包装上の不備による船内の出火についても同じ趣旨が適用されている。

【7】「原判決ニハ被告ノ判示過失行為ニ因リ独逸汽船ゴーベン号内ニ於テ被告カ同汽船ニ託送シタル荷物内ノ油紙ヨリ発火シ右荷物及生糸等ヲ焼燬シ因テ公共ノ危険ヲ生セシメタリト判示シアリテ右判示ノ如ク汽船内ニ於テ火ヲ失シ判示ノ如ク物件ヲ焼燬シタルトキハ其火力ハ公共ノ危険ヲ生セシメタルモノト云ハサル可カラス即チ原判決ハ被告カ火ヲ失シテ判示ノ物件ヲ焼燬シ因テ公共ノ危険ヲ生セシメタリトノ最後ノ結

果ニ付テモ其ノ認定基礎タル具体的事実ヲ判示シアリテ右被告ノ所為ハ刑法第百十六条第二項ニ該当スルモノトシ同条第一項ノ罰例ニヨリ被告ヲ処罰シタル原判決ハ正当ナリ」（大判明四四・六・二六刑録一七・一二〇二）。

他方、単に他人の財産のみに延焼のおそれがあるというだけの状態については、次の判例が示すように、公共の危険の発生ありとは認めていない。

【8】「刑法第百十六条第二項ニ所謂公共ノ危険ヲ生セシメタルトハ火ヲ失シテ自己ノ所有ニ係ル第百九条ノ物又ハ自己若クハ他人ノ所有ニ属スル第百十条ノ物ヲ焼燬シ因テ第百八条及ヒ第百九条ノ物ニ延焼セントシ其他一般不定ノ多数人ヲシテ生命身体及ヒ財産ニ対シテ危害ヲ感セシムルニ付キ相当ノ理由ヲ有スル状態ヲ発生シタルコトヲ謂フモノトス蓋シ法ハ第百八条及ヒ第百九条ノ物ヲ焼燬スル行為ハ抽象的ニ一般不定ノ多数人ニ対シ生命身体及ヒ財産ニ危害ヲ及ホス虞アルモノトシ之ヲ処罰スルモ自己ノ所有ニ係ル第百九条ノ物及ヒ自己又ハ他人ノ所有ニ属スル第百十条ノ物ニ付テハ否ラス其焼燬ノミニテハ未タ犯罪ヲ構成セス其焼燬ノ結果具体的ニ一般不定ノ多数人ニ対シ生命身体及ヒ財産ニ危害ヲ及ホス虞アリタルトキ始メテ之ヲ処罰スヘキモノト為スヲ以テ単タ前掲物件ヲ焼燬シタルニ止リ未タ第百八条ノ物及ヒ他人ノ所有ニ属スル第百九条ノ物ニ延焼セントシ其他一般不定ノ多数人ヲシテ上叙ノ危害ヲ感セシムルノ状態ニ至ラサルニ於テハ縦令他人ノ所有ニ属スル他ノ第百十条ノ物ニ延焼シ若クハ延焼スル虞アラシムルモ之ヲ以テ直ニ一般不定ノ多数人ヲシテ生命身体及ヒ財産ニ対シ危害ヲ感セシムヘキ状態ヲ発生シタルモノト謂フヘカラサレハ其行為ハ公共ノ危険ヲ生セシメタルモノトシテ処罰スヘキニ非ス而シテ夫ノ森林法ニ於テ同法ノ規定ニ反シテ森林中ニ於テ焚火若クハ火入ヲ為シ因テ他人ノ森林ヲ焼燬シタル者ヲ処罰スルハ森林法違反行為ニ対スル当然ノ制裁ナレハ彼ヲ援テ此ヲ律スルハ妥当ノ見解ニ非ス」「原判決ニ於テハ本件被告ノ過失ニ因リ焼燬セル森林ハ民家ニ延焼ノ虞ナキ距離ニ在リ又附近ニ刑法第百八条及ヒ第百九条記載ノ物件存在セサルノミナラス四隣ノ私有林及ヒ国有林ニ延焼シテ公共ノ危険ヲ生セシムヘキ具体的事実ナキヲ以テ本件被告ノ行為ハ刑法第百十

六条第二項ニ規定セル過失ニ因リ第百十条ノ物ヲ焼燬シ公共ノ危険ヲ発生セシメタルモノニ該当セスト判示シ被告ニ対シ無罪ヲ言渡シタルハ相当ナリ」（大判大五・九・一八刑録二二・一三五九）。

二　公共の危険の発生

ところで、一般人の判断において、火が第一〇八条、一〇九条一項の物件に延焼するおそれありと認められる状態を公共の危険の発生とみる一般論に関しては、公共の危険の発生時期と関係して、若干の問題がある。一〇八条・一〇九条一項の物件については、独立燃焼（焼燬）の事実をもつて、当然に公共の危険の発生ありとされるが、火が媒体を離れ、前記物件が独立燃焼を開始するに至らない段階では、同条に関しては、いまだ公共の危険の発生なしと解されており、他方、火が一一〇条の物件から一〇八条・一〇九条一項の物件に現に延焼したときには、延焼罪の規定が正面から適用されることになるのであつて、一一〇条以下の公共の危険の発生は、結局、当該物件から火が一〇八条・一〇九条一項の物件に延焼し独立燃焼を開始しない段階の状態をいうものである。したがつて、上掲の判例では、単に、火が一〇八条・一〇九条一項の物件に延焼するおそれがあれば公共の危険の発生ありとしているが、この点は、若干の修正を必要とする。すなわち、一〇八条・一〇九条一項の物件が独立燃焼を開始しない段階で公共の危険の発生ありとするためには、一〇八条の未遂との均衡上、当該火力がある程度強力なものであつて、さらに、行為者の態度からみて、放置すれば、自然鎮火に至らずむしろ火勢を拡大して一〇八条・一〇九条一項の物件に延焼し、大事に至るべきことを危惧させる程度のものでなければならぬということが言い得ると思う。この点は危険の判断の標準とも関係する問題である。判例で一一〇条が論ぜられている事例の多くは、火力が相当に強く、公衆の火災に対する危惧を喚起するに十分な程度のものであつたようである。いずれにせよ、すでに火力が公共の危険を生ぜしめたときには、直ちに本罪が成立し、直ちに消止められ実害を生じなかつたことは、本罪の成立に影響を及ぼすものではない。

【9】「上告趣意書第五点……本条ハ放火罪ニ付テハ公共ノ危険ノ発生ヲ以テ其ノ犯罪ノ構成要件トナセルヲ以テ本条ヲ以テ律スヘキ場合ハ判決ニ公共ノ危険ヲ生シタルコトヲ証拠ニヨリ認メ之ヲ判示セサルヘカラス然ルニ原審判決ハ頭書ノ如ク該家屋ヲ焼燬シ大事ニ至ル可キ状態ヲ生セシメタリト認メ之ニヨリ公共ノ危険生シタリト説示シタリ然レトモ単ニ其ノ儘放置セハ家屋ヲ焼燬シ大事ニ至ルヘキ状態ヲ生セシメルノミニテハ公共ノ危険生シタリト速断スル事ヲ得ス例ヘハ座敷ニ炭火一片落シタリト仮定セヨ之ニヨリ家屋ヲモ焼燬シ大事ニ至ル可キ状態ヲ生シタレトモ直チニ公共ノ危険生シタリト云フヲ得ルヤ之ヲ以テ一般不特定多数人ヲシテ生命身体及財産ニ対シ危険ヲ感セシムルニ付相当ノ理由ヲ有スル状態ヲ生セシメタルモノト云フ事ヲ得ス故ニ単ニ家屋ヲモ焼燬シ大事ニ至ルヘキ状態ヲ生セシメタリト云ヒタルノミニテハ未タ公共ノ危険ヲ生シタリト云フヲ得サレハ之ノ点ヲ証拠ニヨリ明ニ説示セサル原審判決ハ理由不備ノ判決ニシテ破棄ヲ免レスト云フニ在レトモ火ヲ放チテ刑法第百十条第一項所定ノ物ヲ焼燬シ因テ現ニ人ノ住居ニ使用スル建造物ヲ焼燬セントスル状態ヲ生セシメタル以上公共ノ危険ヲ生セシメタルモノトス原判決ノ判示趣旨ニ依レハ被告人ハ判示新聞紙ニ判示ノ如ク点火シ之ヲ炬燵蒲団ト畳トノ間ニ入レテ放火シ該蒲団下掛畳ノ一部ヲ焼燬シ因テ三井てつノ現住スル判示家屋ヲ焼燬セムトスル状態ヲ生セシメタルモノニシテ其ノ事実ハ原判決ニ引用セル証拠ニヨリ優ニ之ヲ認メ得ヘク従テ原判決ニハ所論ノ如キ理由不備ノ違法アルコトナシ」（大判昭六・七・二 刑集一〇・三〇三）

【10】「……原審が原判示第二の㈠事実において原判示自動三輪車のガソリンタンクに点火し、タンクの口に高さ約五寸位、巾約三寸位の火を吹上がらせ右ガソリンの一部を焼燬した被告人の所為を、そのまま放

置すればガソリンの加熱によつて右自動三輪車を焼燬するのみならず原判示木村屋にも飛火し大事に至るべき状態を生じさせもつて公共の危険を発生せしめたものと認定したことは所論のとおりである。しかして刑法第百十条にいわゆる「公共の危険」とは同条所定の物件に放火した行為が一般不特定の多数人をして同法第百八条及び第百九条の物件に延焼すべき虞があると客観的に思はせるに相当する状態を指称するのであつて物理上の結果発生の危険の有無は問わないものと解すべきところこれを本件につき検討するに、……被告人は昭和三十一年十一月九日午前一時過ぎ頃木造町字照日十六番地所在料理店木村屋において偶ゝ同料理店階下に居合せた坂田谷武雄と些細な誤解がもとで口論喧嘩し同人より数回欧打されたことに憤慨した挙句、同料理店前路上に置かれていた同人所有の自動三輪車を認めるや腹いせのためガソリンタンクの口蓋を外しタンク内のガソリンに火を点じて運転を不能ならしめようと決意し、人気のないすきをねらつて右タンクの口蓋を取つて所携のマッチでガソリンに点火しタンクの口に高さ約五寸位巾約三寸位の火を吹上らせたものであつて、右自動三輪車の置かれていた位置は間口五間半、奥行五間の木造木羽葺二階建家屋である木村屋方の玄関になつて少しく右に寄つた女中部屋の前附近の道路脇であつて運転台より同家に最も近いところで三尺七寸、被告人が火を点じたタンクの口より同家までは僅かに六尺五寸の距離にあり、右運転台は天井と座席の背部及び側面が布製の幌で覆われていて右タンクの口より天井及び背部の幌までは夫々二尺五寸位の距離にあり運転座席の前部、ハンドルとの中間に設置された約七リットルのガソリンを容量する金属製の右タンクの口から前記火災が吹上がれば運転台の幌に引火してこれを焼燬しその火が更に前記の距離にある木村屋に延焼する危険のあることは勿論タンク内のガソリンの加熱により直径一寸五分のタンクの口から沸騰したガソリンが飛散して引火し木村屋に延焼する危険のあることもこれを認めるに足る客観的状況にあつたこと及び右火災を認めて直ちに帽子を被せて消止めた秋元正夫はその際その火が木村屋に延焼するのではないかと直観し危惧したという事実を夫々確認しうるのであるから以上の各事実を総合すれば被告人の本件放火の所為が公共の危険を生ぜしめたと認めるのは相当であつて原審の認定に誤はない。秋元正夫が右タンクの火をたやすく消止めえたことは所論のとおりであるが、だからといつて既に発生した公共の危険性に消長を来すものとは解し得ない……。」(仙台高秋田支判昭三二・一二・一〇高刑特報四・六五四)。

これらの事件は、結果的には大事に至つていないが、行為の態様からすれば、放置すれば家屋の火災を惹起し得べき程度のものであつたようであるから、公共の危険が発生しなかつたということはできないであろう。

なお次の判例は、延焼の結果「大事ニ至ルヘキ虞」あることをもつて公共の危険発生を理由づけている。

【11】「原判決ノ認定シタル所論事実ハ被告人ノ原判示放火行為ニ依リ広島税務監督局構内車庫ニ在リタル自動車ノ運転席及其ノ扉並ニ其ノ客席ノ一部等ヲ焼燬シタルノミニテ直ニ消止メラレタルモ其ノ儘之ヲ放置セハ該自動車及車庫ヲ全焼シ之ニ近接シテ建テタル同監督局本館ヲモ延焼シテ大事ニ至ルヘキ虞アル状態ヲ惹起セシメ因テ公共ノ危険ヲ生セシメタリト謂フニ在リ而シテ右ノ如ク自動車ニ対スル被告人ノ放火行為カ之ヲ蔵置シアル車庫及之ニ近接スル右監督局本館ニ延焼シテ大事ニ至ラシムヘキ結果ヲ発生スヘキ虞アリト思料セラルル状態ニ在リタル以上ハ刑法第百十条第一項ニ所謂公共ノ危険ヲ生セシメタリト云フニ該当スヘク原審カ原判示事実ニ対シ同法条ヲ適用処断シタルハ正当ニシテ原判決ニ所謂擬律錯誤ノ違法アルコトナシ」(大判昭一〇・一〇・七新聞三八九九・八)。

三　公共の危険の判断の基準

公共の危険の判断の基準についての一般的問題については、前章で述べたが、判例中には、結果発生に対する一般の危惧に重点をおくかに見えるものと、結果発生の高度の可能性――蓋然性に重点をおくかに見えるものとが見出される。前者に属するものとしては、次の判例が注目される（前掲【1】と同じ）。

犯罪事実は、被告人が、他人の住家を距るわずか二間のところに堆積してあつた他人所有にかかる多量の藁に放火してこれを焼燬したというもので、結果的には人家に延焼した事実はなかつたが、原審は、被告人の行為により公共の危険の発生があつたものとみて、刑法一一〇条の放火罪の成立を認めたのである。弁護人が主張するところによれば、本件犯罪のあつた当日（午前八時半頃）は、風は人家と反対方向の水田の方角に向かつて吹いており、人家に対して延焼する状態にはなかつたようであり、かかる状況において、公共の危険の発生の有無をいかに判断するかが問題となるわけである。この場合に、物理的にみて、火が人家に燃え移る可能性がどの程度あるか、またその可能性ありとして、一般人がその状態につきどの程度の不安感を生じたか等が判断の基準たるべく考えられるところである。この点について、前掲判例は、以下のごとく判示して、一般人の理性に基づく判断に基づいて延焼のおそれありと認められることが要件であると説いている。

【12】「……此ニ所謂公共ノ危険トハ其放火行為カ同条所定ノ物件ニ付キ発生セシメタル実害ヲ謂フニアラスシテ其放火行為ニヨリテ一般不特定ノ多数人ヲシテ前掲第百八条及第百九条ノ物件ニ延焼スル結果ヲ発生スヘキ虞アリト思料セシムルニ相当スル状態ヲ指称スルモノニ外ナラス故ニ苟クモ理性ノ判断ニヨリ叙上ノ虞アリト認ムヘキ場合ニ在テハ縦令其当時物理上結果ノ発生ヲ虞ルヘキ理由ナカリシトスルモ之カタメニ其判断ノ当否ヲ論難スルヲ容サス何トナレハ物的現象ハ瞬間ニ変転スルコトアルヲ恒トスルヲ以テ一時ノ現象ハ以テ絶対ノ真理ト為スニ足ラサレハナリ原判決ノ認定セル事実ハ被告人カ人ノ住家ヲ距ル僅カ二間ノ所

ニ堆積シアリタル他人所有ニ係ル多量ノ藁ニ放火シ之ヲ焼燬シタリト云フニ在レハ縦令論旨ノ如ク当時風位ハ人家ニ反対セル方向ニ在リタリトスルモ物理上絶対ニ人家ニ延焼スル虞ナシト速断スヘカラス公衆ヲシテ人家ニ延焼スル結果ノ発生ヲ思慮セシムルニ相当ノ理由ヲ有スル状態タリシヤ疑ヲ容レス然レハ原判決ニ於テ右判示事実ニ対シ公共ノ危険ヲ生セシメタルモノナリト判定シタルハ相当ニシテ論旨ハ理由ナシ」(大判明四四・四・二四刑録一七・六五五)。

この判例は、延焼が、気象条件の急変等の事情を考慮すると、絶対的不能ではないという判断の下に、被告人の行為につき公共の危険の発生を認めたのであるが、この場合、被告人の行為はいやがらせの目的で他人の財産を焼燬する目的に出たものであつたようで、他人の住家を焼燬する意思はなかつたにせよ、はじめから居住者に不安の念を抱かせる意思で行動した点において行為の無価値性が認められるのであつて、このような事情を考慮に入れると、当時、延焼のおそれは極めて弱く、延焼のおそれが絶無ではないという程度の可能性あるに止まるとしても、公共の危険ありと認めるに十分であると考えられるのである。

次の判例は、これに対して、むしろ、結果発生の可能性が相当に高度であること、判文によれば、客観的高度の可能性あることを公共の危険の発生の要件とするかのごとき口吻を示しているものとして、前記判例とはやや趣を異にするものもある。

【13】「論旨は要するに、被告人は本件衣類等を焼いてしまう気はなく、これに放火して長谷川ハズエを威そうとしたに過ぎず、室内や軒下で点火すれば危険なのでこれらを屋外の離れた所に持ち出して本件行為に及んだのであつて、その附近には汲み水もバケツに三杯用意されてあつて当夜は風もなく軒下の稲藁及び

その家屋に火が燃え移る危険はなかつたものであり、被告人は本件衣類だけでその火は消し止められることを予定していたのであつて、公共の危険の発生なく本件は無罪である、と言うのである。

本件記録を精査し総べての証拠を検討するに……、被告人は昭和三十年十一月三日同長谷川ハズエと喧嘩し、近くの料理屋で酒を飲んで翌十一月四日午前二時頃右居宅に帰り、同女と摑み合いの喧嘩をした上、その居宅内の茶わん、鍋、釜、布団、行李等々を戸外に投げ出し、右池内方の納屋軒下に横四尺高さ三尺位に積んであつた乾燥藁から僅か一尺位離れた地面にその布団、行李、手布等を積み重ね、藁に火を附けていずれも被告人所有のその布団二枚、毛布一枚に燃え移らせて火の手を上げ、右池内方の納屋に延焼する危険を発生させたが、右池内マサル及び池内豊次郎がこれを消し止めたため、前示藁積みにも納屋にも延焼しなかつた原判決認定の自己所有建造物等放火の事実を認めることができる。……前示認定の通り、被告人所有の布団、手布に放火し因て池内マサル所有の藁積み及び納屋に延焼する客観的高度の可能性即ち客観的危険性が具体的に発生したと認められる以上、かかる危険の発生についての被告人の認識の有無に拘らず、刑法第百十条第二項の現住非現住の建造物以外の被告人所有に係る物を焼燬し因て公共の危険を生ぜしめた放火罪が成立するのである。このように現実他に延焼しなかつたとしても公共の危険が具体的に発生した以上、仮に被告人が直接に焼燬の対象とした前示布団、毛布等以外の物に延焼するのを防ぐための手段を持つていたとしても、右犯罪の成立には影響を及ぼすものではない。」（高松高判昭三一・八・七特報三・七九九）。

もつとも、この判例は、消火の手段バケツ三個が現にそこに存したという事実を根拠として公共の危険の不発生を争つた控訴理由を斥けるためのものであり、また現に隣人の消火作業によつて事なきを得たというものであるから、相当高度の危険性が客観的に存在した事例に関するもので、相当高度と認められるまでに至らない危険について公共の危険の発生を否定する趣旨のものと解すべきではあるまい。いずれにせよ、すでに一般論で述べたとおり、火力の使用に対して公衆がうける不安感は、行為の態様いかんによつてそれぞれ異なるのであるから、具体的事案において、判例の一般理論上異なつた表現がとられているのも必ずしも判例相互の矛盾牴触とみるべきではない。

四　公共の危険の認識

公共の危険の発生が構成要件とされている刑法一〇九条二項・一一〇条については、故意の成立に公共の危険の認識を要すると解すべきである。もつとも判例は、刑法一一〇条について反対の見解をとり、公共の危険の発生についての認識を要せずとしている。

【14】「……刑法第百十一条第一項ノ犯罪ハ火ヲ放テ同法第百八条、第百九条ニ記載シタル以外ノ物ヲ焼燬シ因テ公共ノ危険ヲ生セシメタル場合ニ成立スルモノニシテ公共ノ危険ヲ生セシメタルコトヲ以テ該犯罪構成ノ要件トナセトモ火ヲ放チ同条所定ノ物ヲ焼燬スル認識アレハ足リ公共ノ危険ヲ生セシムル認識アルコトヲ要スルモノニ非サルコト同条ノ解釈上明白ナリ」(大判昭六・七・二　刑集一〇・三〇三)。

学説の主張するように公共の危険の認識を要するとしても、それは、実害発生の認識ないし未必的な認識までも要せず、極めて抽象的な内容のもの、単に抽象的に危険な行為だと意識した程度で足りると解すべきであろう(宮本・大綱四三三頁)。したがつて、判例の見解と比較しとくに顕著な差異を具体的適用の面において生ずることは考えられない。例えば前掲の判例は、被告人は、こたつ布団を焼いてうつぷん晴らしをしようとしたもので、家屋まで焼くという意思は毛頭なかつたとして公共の危険の認識の欠如を主張したものであるが、かりに公共の危険の認識を要すると解しても、かような場合にも、行為者には、それが抽象的に危険な行為だという程度の認識は具わっているはずであり、故意の成立を妨げることにはならないのである。

四　溢水罪における公共の危険

溢水罪における公共の危険は、放火罪における公共の危険と本質的に同じである。火力による脅威を、水力による脅威と置きかえたものがここで問題とされるわけである。

刑法一二〇条の建造物等以外浸害の罪における公共の危険は、解放された自然の水力により、建造物等以外の物件を浸害、よつて人の現在する家屋等の物件に波及して不特定多数人の生命身体財産に対する危険を生ぜしめることである。

判例にあらわれた事例としては、堤防を破壊して溢水せしめ、他人所有の田畑を浸害し、よつて他人の住家を流失の危険にさらすことを、公共の危険を生じたものと認めたものがある。

事件は、川ざらい業者が、埋立の利便に供するため、堤防を破壊、その結果他人の住宅を流失の危険にさらしたというもので、被害者の供述によれば、「帰宅して始めて土手が切れたことを知つた。私方では道具を片附けているところであつた」とあり、被害者が家屋流失の危険を感じた点を根拠に、公共の危険の発生ありとした。これに対して弁護人は、本件は単なる水利妨害罪ないし溢水せしむべき罪に止まると主張したが、大審院によつて斥けられたものである。

【15】「刑法第百二十条ニ所謂公共ノ危険ヲ生セシメタルトキハ溢水セシメテ同条所定ノ物件ヲ浸害スル

ニ止マラス其結果第百十九条ニ規定スル物件ニ波及シテ不特定ノ多数人ヲシテ其生命身体財産ニ付キ危険ヲ感セシムヘキ状態ヲ謂フモノトス原判決ニハ被告等ハ江角千代次郎所有ノ田畑ヲ浸害シ因テ田中久太郎ノ住宅ヲ流失スヘキ虞アルニ至ラシメタル事実ヲ判示シアリテ溢水ノ状態カ他人ノ住宅ヲ流失セシメ其現在シ又ハ現在スヘキ不特定ノ多数人ニ対シ其生命身体財産ノ危難ヲ感セシムヘキ程度ナリシコトヲ説示シタルモノニ外ナラサレハ其危難カ現実特定ノ少数人ニ限リシトスルモ其程度カ不特定ノ多数人ヲシテ危難ヲ感セシムヘキ性質ノモノナルニ於テハ之ヲ公共ノ危険ヲ生シタルモノト謂フヲ妨ケス」（大判明四四・六・二二刑録一七・一二四二）。

この説示は必ずしも明確でないが、現に流失の脅威をうけた者が特定の少数人であつても、法のたて前として、一戸の家屋に対する浸害が当然に公共の危険を生ぜしめるものとされている（一一九条）ことから、一戸の家屋であつても流失の危険にさらした限り、公共の危険の発生があつたとみてよいわけである。

五　往来の危険一般

一　総　説

往来の危険は、汽車電車の往来の危険、艦船の往来の危険に二分されているが、判例は大部分汽車電車の往来の危険に関するものであるから、主として汽車電車の往来の危険に関する判例を通じて往来の危険についての各種の問題を考察し、艦船の往来の危険については、最後に一括して述べることとして、以下考察をすすめたい。

汽車電車の往来の危険の定義としては、前にもふれたように判例はほぼ一貫して、鉄道又はその標識を損壊し、又はその他の方法を以て、汽車又は電車の脱線、顚覆、衝突、破壊等、これら交通機関の往来に危険な結果を生ずる虞のある状態を発生させることであるとする。

【16】「原判決は刑法一二五条一項の電車往来危険罪における危険とは『電車の安全な往来を妨げるおそれある状態、すなわち顚覆、衝突等の事故発生の可能性ある状態をいう』とした上、被告人らが共謀して第一審判示の如くいわゆる人民電車を運行せしめ、もつて電車の往来の危険を生ぜしめたことを認定し、刑法一二五条一項を適用処断しているのである。従つて原判決は、被告人らが右の如き往来の危険を認識して、その犯行をしたものと認めた趣旨であること明白である。そして原判決のこの点の判断はすべて正当である。」(最判昭三六・一二・一刑集一五・一八〇七)。

【17】「刑法第百二十五条所定ノ往来危険罪ハ実害罪ニ非ルヲ以テ犯人ノ行為ニ依リ汽車又ハ電車ノ顚覆脱線等災害ニ遭遇スヘキ虞アル状態ヲ生セシメタル場合ニ成立スルモノニシテ具体的ニ実害ヲ生シタル事ヲ必要トスルモノニアラス」(大判昭二・四・一二刑集六・一三八)。

もちろん、汽車電車顚覆罪(法一二六条)あるいは往来危険罪の加重罪(法一二七条)を構成しない程度の実害、例えば車両の脱線という事故の発生があつたときに、往来危険罪を構成することはいうまでもない。

【18】「刑法第百二十九条ニ所謂汽車ノ往来ノ危険ヲ生セシムルトハ汽車ノ往来ニ際シ衝突顚覆破壊ハ勿論脱線ノ如キ事難ニ遭遇スヘキ虞アル状態ヲ生セシムル場合ヲモ包含スルヤ論ヲ俟タス本件原判示事実ニ依レハ車輪四軸ヲ脱線セシメタリト認定シアルヲ以テ原判決カ汽車ノ往来ノ危険ヲ生セシメタルモノト認メ前記法条ニ問擬シタルハ相当ニシテ論旨理由ナシ」(大判大一五・二・一七刑集五・四二)。

さて、判例は、往来の危険を、「汽車又は電車の脱線、顚覆、衝突、破壊等これら交通機関の往来に危険な結果を生ずる虞ある状態」と定義するのが通例ではあるが、この定義は制限的に解釈さるべきではない。汽車電車往来危険罪の趣旨は、高速度交通機関の運行にともなう公共の危険、すなわち不特定多数人の生命・身体・財産に対する脅威を除こうというものであるところ、鉄道の安全な運行が阻害されることによつて脅威をうけるのは、乗務員、乗客、貨物のみならず、その他の鉄道職員、旅客、沿線の住民等ひろい範囲の者に及ぶのであつて、これらの者の生命身体財産に具体的に脅威が及ぼされるような事態を生ぜしめることは、とりもなおさず往来の危険を生ぜしめる行為とみるべきである。なお、急停車の衝撃で乗客に危害を及ぼすおそれ等を生ぜしめることも往来の危険を生ぜしめたものとする判例がある。

事件は、杉板三枚（長さ約二間）、藁叺（一尺八寸角）を線路上に並列させせたが、列車の機関車に触れて折損反撥されて事なきを得たという事実に関する。原判決は本件の鑑定書中、判示のように杉板三枚叺一枚を判示の場所に置いた場合には汽車の往来に危険を生ぜしむることがある、すなわち例外として杉板の破片、叺の断片が機関車の腹部に突入したり差し込まれた場合には機関車の故障を生じ急停車を来すおそれなしとしない、此の場合乗組員及び乗客に対して間接的に危険を生ずることがある旨の記載を他の証拠と総合引用して本件を汽車往来の危険を生ぜしめたものとした。弁護人は、急停車による乗組員ないし乗客に対する間接的な危害発生のおそれのごときは、本罪にいう列車の往来の危険ではなく、単に往来の妨害を生ぜしめたに止むべきものであると主張した。これに対して大審院は、急停車による乗組員ないし乗客に生ずべき間接的な危害のごときも本罪にいう往来の危険にあたるとした。

【19】「……刑法第百二十五条ニ所謂汽車又ハ電車ノ往来ノ危険ヲ生セシムル行為トハ普通ノ観念ニ於テ

汽車又ハ電車ノ安全ナル往来ヲ妨害スヘキ結果ヲ発生スヘキ可能性アリト認ムヘキ行為ヲ指称スルモノニシテ必然的又ハ蓋然的ニ危害ヲ生セシムヘキ行為タルコトヲ要スルモノニ非サルカ故ニ縦令本件被告人ノ行為ノ如キカ必然又ハ蓋然ニ汽車ノ往来ニ危害ヲ発生セシムスヘキモノト断定スルコトヲ得ストスルモ所論原判示認定ノ結果ニ依レハ或ハ杉板破片叺断片カ機関車腹部ニ突入又ハ突込マレテ機関車ニ故障ヲ生シ急停車ヲ来ス虞ナシトセス此ノ場合乗組員及乗客ニ間接的ニ危険ヲ生シ因テ汽車ノ往来ニ危険ヲ生セシムル虞ナシト云フヘカラス然ラハ被告人ノ判示行為ハ汽車ノ安全ナル往来ヲ妨害スル結果ヲ発生セシムヘキ可能性ヲ有スルコト明カナルヲ以テ原判決カ叙上ノ如キ証拠ニ依リ判示事実ヲ認メ被告人ノ行為ヲ刑法第百二十五条ノ罪ニ問擬処断シタルハ相当ニシテ原判決ニハ毫モ所論ノ如キ違法アルコトナシ……」（大判昭九・一二・二二新聞三七九六・一一）。

この判例の趣旨を拡張して、当該妨害行為からおよそ何らかの意味で不特定多数人に危害が及ぼされるおそれを生ずるかぎり往来危険罪が成立すると解し得るかどうかは多分に問題である。本件は妨害行為の直接の物理的影響によって乗客等に危害が及ぶべき事例である。一方、妨害行為の結果、列車の運行不能、遅延等の状態を生じ、その結果、乗務員、鉄道職員、乗客等の心理的不安・動揺を招き、ひいては乗客の線路上の歩行等による第二次的事故を誘発する危険のあるの事態が生じうることはわれわれが日常経験するところであるが、かような、いわば乗務員、乗客等の心理的な要因を媒介として発生する危険に対しても、これを妨害行為と相当因果関係のある結果であるとみるのは困難があろう。なお後出【39】事件において検察官はこの点を衝いたが裁判所の容れるところとならなかったことを附言しておこう。

なお、ここで、往来危険罪の対象となる鉄道とは、必ずしも一般公衆の交通の用に供するものであることを要しない。例えば鉄道の建設資材運搬の目的の列車の運行のみに供せられている軌道であっても、その通行の安全は、刑法一二五条による保護の対象となる。

【20】「……原判示ノ如クトロッコを連結シタル蒸気機関車カ未タ一般ノ交通運輸ノ用ニ供セサル軌道ヲ往来スル場合ト雖被告人ニ於テ其ノ往来ヲ妨害スル目的ヲ以テ其ノ軌条上ニ枕木ヲ横ヘ因テ蒸気機関車ノ動揺トロッコノ脱線等ヲ生セシメタル以上刑法第百二十五条第一項ニ所謂汽車ノ往来ニ危険ヲ生セシメタル者ニ外ナラ（ス）」（大判昭四・一〇・一八刑集八・四九六）。

二　往来危険罪と他罪との関係

さて、汽車電車往来危険罪は、汽車電車の往来妨害に関する一連の犯罪の一環をなすものであるが、妨害行為により、列車の顚覆・衝突、破壊等の実害を生じたときは、汽車電車顚覆罪または往来危険罪の加重犯として処罰されることになり、他方、往来の危険を生ずるに至らない単純な妨害行為については、鉄道営業法等の罰則が設けられている。

第一に、往来危険罪と、汽車電車顚覆罪との関係が問題になる。客観的事実としては、往来危険罪と、汽車電車顚覆罪の未遂（ないし予備）の段階とは重なり合うことになり、両者の区別は、犯人の意思方向いかんに懸る。汽車電車の顚覆等の事実を認識しつつ敢えて妨害行為をした場合は、いうまでもなく汽車電車顚覆罪（の未遂）が成立し、汽車電車の顚覆等までの認識はなく、汽車電車の往来の危険を生ぜしめる旨の認識があるに止まるときは往来危険罪である。例えば、列車の脱線を意図して妨害行為をした場合は往来危険の故意あるに止まるから往来危険罪に止まる。

【21】「刑法第百二十五条第一項ノ罪ハ汽車又ハ電車ノ往来ノ危険ヲ生セシムル認識ヲ以テ鉄道又ハ其ノ標識ヲ損壊シ又ハ其ノ他ノ方法ヲ以テ汽車又ハ電車ノ往来ノ危険ヲ発生セシムルニ因テ成立シ同法第百二十六条第一項ノ罪ハ汽車又ハ電車ニ人ノ現在スルコトヲ認識シ之ヲ顚覆又ハ破壊スル意思ヲ以テ其ノ結果ヲ生セシムルニ因テ完成スルモノトス原判決ノ判旨ニ依レハ被告等ハ判示電車カ常滑方面ニ向テ進行セルヲ認メ其ノ帰路ヲ妨害センコトヲ謀リ共同シテ電柱一本ヲ大野停留場ト西ノ口停留場トノ間ナル電車軌道上ニ横ヘ以テ電車往来ノ危険ヲ生セシメ因テ同日午前一時十分右電車ヲシテ其帰途該電柱ニ衝突セシメタルモ顚覆又ハ破壊スルニ至ラサリシモノナリト云フニ在リテ即チ原判決ノ認定スル所ハ被告人ハ人ノ現在スル右電車ヲ顚覆又ハ破壊スル意思ヲ以テ電柱一本ヲ電車軌道上ニ横ヘ以テ該電車ヲ衝突セシメタルモ未タ顚覆又ハ破壊スルニ至ラサリシモノトノ趣旨ニ非スシテ唯判示電車ノ往来ノ危険ヲ生セシムル認識ノ下ニ電柱一本ヲ電車軌道上ニ横ヘ以テ電車ノ往来ノ危険ヲ発生セシメタリトノ趣旨ニ外ナラス然リ而シテ原判決後段ニ於ケル判示ハ之レ単タ被告等ノ行為ニ因テ現実ニ電車ノ往来危険発生セシ事実ヲ明確ナラシムル趣旨タルニ止リ之ヲ以テ被告等ノ行為ハ刑法第百二十六条第一項ノ未遂罪ヲ構成スルモノト判示シタルモノニ非スト解スルヲ正当ト認ム」（大判大一三・七・三刑集三・六二一）。

他方、鉄道営業法三六条は、鉄道に対する各種の妨害行為を禁圧せんとしている。この罰則は、当該構成要件に規定する行為が、いまだ往来の危険を惹起するに至らない段階に止まるものを禁圧せんとするものであって、例えば、信号・標識等に対する妨害行為が、列車の往来の危険を生ぜしめるものであるときには、汽車電車往来危険罪を構成するもので、鉄道営業法三六条が刑法一二五条の特別法の関係に立つものでないこと、判例【22】をまつまでもなくあきらかなことである。

【22】「刑法第百二十五条第一項ハ鉄道又ハ其標識ノ損壊又ハ其他ノ方法ニ依リ汽車又ハ電車ノ往来ノ危

険ヲ生セシメタル行為ヲ処罰シ鉄道営業法第三十六条ハ其結果未タ汽車又ハ電車ノ往来ノ危険ヲ生セシムルニ至ラサル同条所定ノ単純ナル行為ヲ処罰スルモノナルコト同条文ヲ対照セハ自ラ明カニシテ右両箇ノ犯罪ハ其構成要件ヲ異ニスル別個独立ノ犯罪ナリト謂ハサルヘカラス従テ一箇ノ行為ニ対シ刑法以外特別法ノ規定アルモノト論スルハ失当ナリ而シテ原判決ノ認ムル所ニ依レハ被告等ハ判示鉄道ノ標識ヲ撤去シタル上之ヲ材料トシテ汽車ノ通行ヲ妨害スヘキ設備ヲ為シタルモノナレハ其標識撤去及ヒ其他ノ所為ハ相共ニ刑法第百二十五条第一項所定ノ危険ヲ生セシメタルモノナルヤ洵ニ明白ナリ然レハ右被告等ノ所為ハ相合シテ同条項ノ単純一罪ヲ構成スルモノト為スヘク之ニ包含セラルル標識ノ撤去又ハ損壊ノ所為ノミヲ分離シテ別罪ニ問擬スヘキモノニ非ス」（大判大七・一一・一一刑録二四・一三一七）。

三　往来の危険の発生時期

往来の危険は、汽車、電車については、その脱線、衝突、顚覆、破壊等、交通機関としての安全な運行を害するおそれある状態の発生をもつて直ちに成立し、現に実害を生ぜしめたことを要しないことはもちろん、脱線、顚覆等の事故の発生寸前に事態が回避されたこと、あるいは、障害物と列車が接触したが事故に至らず無事に通過した等の、切迫した事態に至ることを必要としない。往来危険行為については、以下に詳述するが、例えば、線路上に石塊、枕木その他の障害物を置く行為については、障害物を確定的にその場に置いたときに直ちに往来の危険が発生するのであつて、未然に保線係員その他の者によつて発見除去されたとしても、未遂ではなく既遂である。当然、未遂の成立する余地は限られてくるが、例えば障害物を置こうとし、あるいは障害物を線路上に置いて現場を立去る以前に発見され除去されたとか、行為をとりやめたという場合などが、未遂の典型例であろう。

【23】（上告理由）「刑法第百二十五条ハ往来ノ危険ヲ生セシメタル者トアリテ現ニ危険ノ結果ヲ生シタル場合ニ適用スヘキ法条ナリ本件原判決認定ノ事実ニ依レハ被告ハ電車線路ニ障害物ヲ置キタルモ未タ電車ニ何等ノ危険ヲ発生セスシテ障害物ハ撤去セラレタルモノナレハ本件ハ刑法第百二十八条ニ従ヒ未遂罪トシテ処分スヘキモノナリ原判決ノ如ク未タ危険ヲ生スルニ至ラサルモノヲ既遂罪トセハ本罪ノ未遂ナルモノハ之ヲ想像スルコトヲ得ス刑法第百二十五条ノ法定刑カ二年以上十五年以下ノ重罪タルヨリ考フルモ本件ハ危険ノ結果ヲ生シタル場合ニ適用シ同第百二十八条ハ未ダ危険ノ結果ヲ生セサル場合ニ適用スヘキモノナリト解釈スルヲ相当トス然ルニ原判決カ本件ニ既遂ノ法条ヲ適用シタルハ擬律錯誤ノ判決ナリ」

（判決理由）「刑法第百二十五条第一項ニ所謂往来ノ危険ヲ生セシムルトハ鉄道又ハ其ノ標識ノ損壊又ハ其ノ他ノ方法ニ依リ汽車又ハ電車ノ衝突転覆脱線等ノ如キ実害ヲ発生スヘキ虞アル状況ヲ作為スルノ謂ニシテ所論ノ如キ危険ノ結果ノ発生シタルコトヲ必要トセス原判決認定事実ニ拠レハ被告ハ電車ノ往来ノ危険ヲ生スルコトノ認識ヲ以テ電車線路ノ両軌条間若ハ軌条上ニ酒空樽又ハ小石若干及重量一貫目ノ石ヲ積載シタルモノニシテ乃チ該軌道ヲ通過スヘキ電車ニ如上実害ノ発生スヘキ虞ヲ生セシメタルモノト認ムルニ足ルヲ以テ未タ電車カ右障害物ニ衝突シ又ハ将ニ衝突セントスルノ状態ニ達セサリシトスルモ其ノ行為ハ前示法条ノ犯罪ヲ構成スルヲ妨ケス」（大判大一一・六・一四刑集一・三四一）。

【24】「刑法第百二十五条ニ定ムル往来危険罪ハ実害罪ニ非サルヲ以テ苟モ犯人ノ行為ニ依リ汽車電車又ハ艦船ヲシテ脱線顚覆衝突若クハ覆没等ノ災害ニ遭遇スヘキ虞アル状態ヲ生セシメタル場合ニ成立スルモノニシテ具体的ニ実害ヲ生シタルコトヲ必要トセス原判決ハ被告一三カ判示野上軽便鉄道ノ軌条上ニ長約四寸五分幅約三寸厚約一寸五分ノ石ヲ置キ又被告義兼カ同鉄道重根駅構内ノ待避線ト『トングレール』ノ突線路ニ巾三寸厚一、二寸余長四寸余ノ栗石一個ヲ挿入シ孰レモ電車往来ノ危険ヲ生セシメタル事実ヲ判示シ之ヲ認ムルニ足ル証拠ヲ挙示セルヲ以テ所論ノ如ク危険ノ程度模様等ノ具体的事実ノ判示ヲ俟タス被告等ノ行為

カ前示法条ノ罪ヲ構成スヘキ事明カナリ故ニ縦シ其後ニ至リ具体的ニ危険発生セス電車ハ実害ヲ被ラサリシ所論ノ如キ事実アリトスルモ之ニ依リ本件犯罪ノ成否ニ影響ヲ及ホスモノニ非ス」（大判大九・二・二刑録二六・一七）。

【25】「……原判決ノ確定スル所ニ依レハ被告ハ鞍手軌道株式会社ノ軌道ノ往来ヲ妨害センコトヲ企テ大正十五年六月十九日午後九時過福岡県鞍手郡宮田町大字宮田極楽寺門前ヨリ長サ七寸七分幅六寸五分厚サ五寸乃至二寸九分重量十九斤半位ナル不正四角形ノ栗石一個ヲ持出シ同門前附近ノ同会社軌道踏切内ノ軌条上ニ放置シ同夜九時五十分宮田停留所発直方行ノ軌道車ニ衝突セシメ以テ汽車往来ノ危険ヲ生セシメタリト云フニ在レハ被告カ判示栗石ヲ軌道上ニ放置シタルトキ往来ヲ妨害スル犯意ハ実現セラレ往来ヲ妨害スル罪成立シタルモノニシテ現ニ其ノ栗石ニ衝突シタル列車ハ被告カ其ノ進行ヲ妨害センコトヲ目的トシタルモノニアラスシテ他ノ異リタルモノタルノ故ヲ以テ犯罪ノ成否ニ消長ヲ来サス」（大判昭二・四・一二刑集六・一三八）。

したがつて、本罪の判示方法としては、被告人の行為が、列車の往来の危険を生ぜしめるものであることを示せば足り、脱線、衝突、転覆等実害発生の可能性の程度をいちいち示す必要はない。

【26】「刑法第百二十五条第一項ノ罪ハ鉄道又ハ其ノ標識ヲ損壊シ又ハ其ノ他汽車又ハ電車ノ安全ナル往来ヲ妨害スヘキ結果ヲ発生セシムヘキ可能性アル行為ニ因リ汽車又ハ電車ノ往来ノ危険ヲ生セシムルニ依リテ成立シ其ノ行為カ必然的或ハ蓋然的ニ汽車又ハ電車ノ往来ニ危害ヲ生セシムヘキ行為タルヲ要セス故ニ右犯罪ヲ認定スルニ当リテハ叙上汽車又ハ電車ノ安全ナル往来ヲ妨害スヘキ結果ヲ発生セシムヘキ可能性アル行為ヲ具体的ニ表示シ汽車又ハ電車往来ノ危険ヲ生セシメタルコトヲ判示スレハ足リ必スシモ必然的又ハ蓋然的ニ如何ナル危害ヲ生スル虞アリヤヲ具体的ニ明示スルコトヲ要セス……」（大判昭九・一二・二新聞三七九六・一一）。

四　往来危険の認識

往来危険罪は故意犯であつて、故意の成立に、往来の危険についての認識が要求されるということまでもない。ところで、往来の危険とは、列車の顚覆・破壊等の実害を生ずるおそれのある状態をいうのであつて、上記のような実害そのものではないから、故意の対象として、実害発生の認識を要しないこともちろんで、かかる実害発生の認識があれば、列車顚覆罪の故意が成立することになる。したがつて、往来危険罪の故意は、往来危険を生ぜしめる事実——例えば線路上の置石——と、それが往来の危険を生ぜしめる旨の認識とを必要とし、且つそれで足りる。

この往来危険の認識は、公共の危険の認識について述べたと同様、要するに、一般的な危険の認識があれば足ると解せられる。通常の思慮分別をそなえた人間であれば、鉄道に対して何らかの妨害行為をするに際して、それが列車の運行に脅威を及ぼすものであることは認識しているものと認め得るであろうから、実際上は、個々の妨害行為の認識があれば、往来危険の認識も当然そなわり往来危険罪の故意が成立することになろう。

【27】「(刑法一二五条) ニ所謂往来ノ危険ヲ生セシメタルトハ現実ニ汽車又ハ電車ノ顚覆脱線等ノ結果ヲ惹起スルコトヲ必要トセスシテ此等ノ結果ヲ惹起スルノ虞アルヲ以テ足ルモノトス従テ如上ノ結果ヲ惹起スルノ虞アルコトノ認識アル以上ハ同罪ノ犯意ヲ具備スルモノト云フヘシ」(大判大一三・一〇・二三刑集三・七一一)。

なお往来の危険の故意ありとするには往来の危険の認識があれば足り、それを積極的に意欲したことを要しないことは、故意に関する一般法則の適用上当然のことである。行為の主たる目的が他にあること、また、好奇心から軽い気持で妨害行為をしたこと等の事情は、故意の成立に影響を及ぼすものではない。判例にあらわれた事例では、【29】のように、意趣晴らしのため他人のリヤカーを破壊しようとしてこれを線路上に置いたとか、【23】【30】のように酔余のいたずらであるとか、【28】のように好奇心に出たものなどが目につくが、いずれも故意の成立を妨げるものでないこと当然である。また「軽い気持」で行為したことが、軽い情状として考慮さるべき筋合のものでないことも指摘する必要はなかろう。

【28】「(刑法一二五)条ニ所謂往来ノ危険ヲ生セシメタルトハ現実ニ汽車又ハ電車ノ顛覆脱線等ノ結果ヲ惹起スルコトヲ必要トセスシテ此等ノ結果ヲ惹起スルノ虞アルヲ以テ足ルモノトス従テ如上ノ結果ヲ惹起スルノ虞アルコトノ認識アル以上ハ同罪ノ犯意ヲ具備スルモノト云フヘシ原判決認定事実ニ依レハ被告ハ東北本線瀬峯駅ヨリ新田駅ニ向ヒ六十分ノ一ノ下リ勾配アル線路ニ差蒐リタル際貨物列車ノ新田駅ニ向ヒテ進行シ来レルヲ目撃シ汽車ノ往来ニ危険ヲ生スヘキコトヲ予知シナカラ果シテ如何ナル影響ヲ及ホスヤヲ試ミントノ好奇心ヨリ長約二寸一分巾約二寸厚五分(最大部ニ於テ)重量約二十五匁ノ小石一個ヲ該列車ノ進路ニ当ル軌条上継目ノ間隙ニ挿入シテ立置キ以テ汽車ノ往来ニ危険ヲ生セシメタリト云フニ在リテ被告カ汽車ノ往来ニ危険ヲ生セシムルノ認識アリテ故意ニ原判示行為ニ出テタルコト明白ナレハ原判決カ被告ヲ刑法第百二十五条ニ問擬シタルハ正当ニシテ論旨ハ理由ナシ」(大判大一三・一〇・二三刑集三・七一一)。

【29】「汽車ノ顛覆脱線等ノ結果ヲ惹起スル虞アルコトヲ認識セル以上刑法第百二十五条第一項往来危険罪ノ犯意アルモノナルコト当院判例ノ示ス所ナレハ所論ノ如ク被告人カリヤカーヲ汽車ニ衝突セシメテ破壊スルノ目的ヲ以テ汽車ノ通行スルレール上ニ置キタリトスルモ之カ為メ汽車ノ顛覆脱線等ノ結果ヲ惹起スル虞アルコトヲ認識シナカラ右ノ行為ヲ為シタリトセハ往来危険発生ノ犯意アリタルモノト謂フヘク原判決挙示ノ証拠ヲ総合スレハ被告人カ原判示ノ如ク汽車ノ顛覆脱線等ノ事故ヲ惹起スル虞アルコトヲ認識シナカラリヤカーヲレール上ニ横ヘ置キタル事実ヲ証明スルニ足リ……原判決カ被告人ニ汽車往来危険発生ノ犯意ア

リト為シ刑法第百二十五条第一項ヲ適用処断シタルハ正当ナリ」（大判昭六・四・一三新聞三二八九・一一）。

【30】「……原審ノ認定シタル事実ハ被告人ハ原判示ノ荷車ヲ原判示場所ニ放置スルトキハ汽車ノ往来ニ危険ヲ生スヘキコト即チ汽車ノ安全ナル往来ヲ妨害スル虞アル状態ヲ惹起スベキコトヲ認識シナカラ右ノ行為ヲ敢テシ以テ如上ノ虞アル状態ヲ惹起セシメタリト云フニアリ……刑法第百二十五条第一項所定ノ罪ハ犯人ニ於テ其ノ行為ニ因リ汽車又ハ電車ノ往来ノ危険ヲ生スヘキコト即チ汽車又ハ電車ノ安全ナル往来ヲ妨害スルノ虞アル状態ヲ惹起スヘキコトヲ認識シナガラ其ノ行為ヲ敢テシ以テ右ノ虞アル状態ヲ惹起セシムルニ依リテ成立スルモノニシテ犯人カ右以上ノ認識ヲ有シタルコトヲ要セサルハ既ニ当院判例ノ存スルトコロナルヲ以テ冒頭記載ノ原審認定事実ニ依レバ被告人ノ所為ハ正ニ右犯罪ヲ構成スルコト疑ナク原審ノ被告人ヲ律スルニ右法条ヲ以テシタルハ実ニ至当ナリトス」（大判昭一五・六・一二判決全集七・九二三）。

もとより、行為者が、妨害行為を敢えてなした場合であっても、汽車電車の脱線、顚覆等の実害発生のおそれがまったくないと確信していたときは、往来の危険の認識を欠き、故意が成立しないことがあり得る。

例えば、列車の発車を妨害する目的で、停車中の列車の至近距離の地点に障害物を置き、あるいはすわり込みを行う等の行為は、列車の乗務員がこれを無視して発車を強行すれば重大な事態を招くことはもちろんであるが、かような事態は通常あり得べからざる事であり、妨害行為者がかかる認識のもとに行為したときは、元来、往来の危険の発生自体が疑わしいが、すくなくとも、行為者において往来の危険の認識を欠くものということができる。

労働争議に際して、組合員が、停車場構内のポイントを反位に切りかえて列車の発車を阻止した行為につき、一応客観的に往来の危険の発生を認めつつ、往来の危険に関する認識を欠くものとした事例がある。

【31】「……被告人らが原判示の第四及び第一の各ポイントをそれぞれ反位に切りかえたこと及びかようなことが一般的抽象的に言つて汽車往来の危険を生ずる行為であることは疑のない事実であるがそのことが果して本件の場合妥当するかどうかその際被告人らは如何なる意図或は認識のもとにかような作業に出たかを検討する。当審における実地検証の結果によれば列車が朝山駅ホームにある場合その運転台に立てば前方須佐よりの第四ポイントが反位に切りかえてあることは明瞭に認識できるし又後方車掌台に立つて今市駅よりの第一ポイントを望めばそれが反位にきりかえてあることも認識し得る状況である。かような状況にあることは被告人らにおいて事前によくわかつていたし尚且列車の進行を阻止するためその前後には組合員多数が立塞がり或は横臥し又は危険信号のための赤旗を出しておるのであるからこれらを無視して列車は絶対運行しないとの確信のもとに被告人らはポイント反位切りかえの作業を行つたものであることが認められる。換言すれば、会社側がこれをも無視して列車を運行することは絶対なかるべく、被告人らとしてはかようなことは夢想だにしなかつたのである。即ち、被告人らの意図するところはあくまで会社側の運転した列車の前進又は後進を阻止することにあつて列車往来の危険を生ぜしめようとの意図のなかつたことは勿論列車往来の危険を生ずるかもしれないとの未必の故意もなかつたものと認めるを相当とする。そうだとすれば原判決の認定した犯罪事実のうち汽車往来危険罪の点については被告人らにその犯意なく犯罪の証明なしとして無罪を言渡すべきものである。然るに原審がこれを有罪として認定処断したことは事実の誤認をおかしたものであり且つその誤認が判決に影響を及ぼすことが明かであるから原判決はこの点においてとうてい破棄を免れない。」(広島高松江支判昭二九・一二・一三特一・五二二)。

六　鉄道に対する妨害行為の諸類型と往来の危険

鉄道往来の危険を生ぜしめる行為として、法は、鉄道又は其標識の損壊を例示するのほか、その他、一切の往来の危険を生ぜしめる行為を罰すべきものとする。ここで往来の危険を生ぜしめる「其の他の方法」とはいかなるものをいうかの判断は、判例に委ねられている。そこで、鉄道軌条あるいは信号機設備を損壊する以外の各種の妨害方法について、これを類型化した上、それぞれの行為が往来の危険を生ぜしめるものか否かを検討するのが有意義であろう。

鉄道妨害の類型としては、線路に対する妨害、ことに線路上の置物・信号・通信に関する妨害、車体に関する妨害等を区分し得るので、以下に順次節を分つて考察する。

一　線路に対する妨害

線路妨害の典型は、線路上に障碍物を置物することである。この障碍物は、小石から、コンクリート材、枕木その他の木材など相当の重量物に至るまで多様であるが、このうち、コンクリート材・枕木その他の相当な重量物を線路上に置くことが甚だ危険であり、機関車・電車の故障、脱線、顚覆、損傷などの事故を惹起する可能性をもつものであることは、われわれの日常の経験に徴して容易に首肯し得るところである。この種の事案については、判例においても、鑑定人の意見を徴することなく、実験則を援用して、危険性を認めている。次の事例は、意趣晴らしのため隣人のリヤカーを破壊せんとして、国鉄奥羽本線線路上に放置したというものであり、実害は生じなかつたものである。

【32】「……本件リヤカーハ原審公判調書記載ノ通リ長サ五尺幅二尺四寸許ノ木製台ニタイヤー付車輪二個及彎曲セル鉄棒ノ引手ヲ取付ケタル全長七尺四寸幅二尺九寸高サ二尺三寸許ノ大キサヲ有スル荷物運搬用ノモノニシテ荷馬車貨物自動車トノ衝突ニ於テモ何等脱線顛覆スルコトナキハ吾人カ日常見聞スル所ナルニ本件ノ如キ小リヤカーノ如キ若シ衝突スルニ於テモ全々具体的危険アルモノト云フコトヲ得ス即チ本件ニ於テハ仮ニ犯意ノ成立ヲ認ムトスルモ所謂不能犯ナリト謂フヘシ従ツテ原判決ハ重大ナル事実ノ認定ヲ誤リタルモノト云フヘク破棄ヲ免レサルモノト信スト云フニ在レトモ所論判示ノ如キ荷物運搬用ノリヤカーヲ汽車ノ通行スヘキレール上ニ横ニ置クトキハ汽車ハ顛覆脱線等ノ事故ヲ惹起スヘキ虞アルコト実験則上極メテ明ナレハ本件被告人ノ行為ハ不能犯ニ非サルコト多言ヲ要セス論旨ハ理由ナシ」（大判昭六・四・一三新聞三二八九・一一）。

次の事例は自転車泥棒が自転車を鉄道軌条上に放置したものである。

【33】「刑法第百二十五条第一項にいわゆる汽車又は電車の往来の危険を生ぜしめる行為とは、普通の観念において汽車又は電車の安全な往来を妨害する結果を発生する可能性があると認められる一切の行為を指し、脱線、顛覆等の危害が発生すること必然的な行為のみに限定せられた趣旨ではない。而して被告人の原判示所為は、自転車を判示踏切軌条附近に放置したため、同所を通過した汽車が該自転車に衝突し、これを機関車の下に捲き込み、よつて機関車左前部排障機等を損傷するに至らしめたというのであり、右事実は原判決引用の証拠によつて十分認定でき得るし、右所為が汽車の安全な往来を妨害する結果発生の可能性があり、現実に排障機の損傷を招き、汽車の安全な往来を妨害すべき結果が発生している以上は、所論のように脱線、顛覆等の実害を発生すべき必然的理由までを併せ判示する必要は認められず、原判決が右所為を刑法第百二十五条第一項に問擬したのは正当である。」（東京高判昭三〇・四・二六特二・九・三七〇）。

そのほか、線路上の置物に関する事例としてはリヤカーを線路上に放置したものとして、大判昭和一五年六月一二日（判決全集七・九二三【30】）、電柱を線路上に放置した例として大判大正一二年七月三日（刑集二・六二一【21】）、相当大きな石塊等を線路上に放置した例として、大判大正九年二月二日（刑録二六・一七【24】）、大判昭和二年四月一二日（刑集六・一三八【25】）、軌条上に酒樽、重量一貫目の石塊等を放置した例として大判大正一一年六月一四日（刑集一・三四一【23】）等がある。

これらの事例は、現に機関車に故障を生じた例【33】はもちろん、実害に至らなかつた諸例においても、障害物の態様により、われわれの健全な常識に照らして、列車の安全な運行に脅威を及ぼすものであること疑いないが、障害物のいかん——例えば小石——によつては、車体にも殆んど衝撃を与えず、大事をひきおこすおそれの乏しい場合も多いであろう。そこで、比較的危険性の乏しい妨害手段について、結果発生の可能性がどの程度あれば往来の危険を認めることができるかが一つの重要な問題として登場する。

この点についての判例の立ち場は、妨害行為に対して相当に厳しい態度をとるものと解せられる。すなわち、具体的な行為の情況を基礎として、常識的判断——判旨のいう普通の観念に照らし、実害の発生が絶対的に不能と認められないかぎり往来の危険あるものとしており、実害発生の高度の可能性、蓋然性ないし切迫性などを必要としていない。

この点を明白に論じた典型例としては次の判例が参照さるべきである。

事実は、被告人三名が某夜某村料飲店において遊興し、その帰途翌日午前零時過、村内の伊那電鉄踏切に差し掛つた際、被告人Aは、踏切北側、踏切板の西端から東方約三尺の所にある踏切板と軌道との間の車輪通行の溝及び軌道上に直径一寸乃至二寸長さ二寸乃至三寸の小石四箇、また同所から東方約七尺の所にある同溝および軌道上に同様の小石数箇、踏切南側の溝及び軌道上に小石四箇を置き、被告人Bは、同踏切の溝内に小石一箇を、同Cはその上にさらに小石三箇を置いたというもので、それぞれ往来危険罪を構成するものとして処断された。

弁護人はこれら被告人中Bについて争う。

【34】（上告理由）「……（被告人Bの）斯クノ如キ行為カ果シテ刑法第百二十五条ノ犯罪ヲ構成セシムヘキ程度ノモノナリヤ否ヤヲ按スルニ直径一寸位ノ小石カ軌道ト其ノ内側踏切板トノ間ニ於ケル溝（巾深各二寸）ニ入レアリトスルモ電車ノ進行ニ何等差支ナキコトハ一般通念上明カニシテ何人ト難斯ル行為ヲ以テ直ニ電車ノ往来ヲ妨害シ危険発生セシメタリトスルコトヲ得サルハ一点ノ疑ヲ存スル余地ナシ然ルニ原審カ此ノ事実ヲ認メナカラ被告人ニ刑ヲ言渡シタルハ擬律ノ錯誤ナリト云ハサルヘカラス……」

（判決理由）「刑法第百二十五条ニ所謂汽車又ハ電車ノ往来ノ危険ヲ生セシムル行為トハ普通ノ観念ニ於テ汽車又ハ電車ノ安全ナル往来ヲ妨害スヘキ結果ヲ発生セシムヘキ可能性アリト認ムヘキ行為ヲ指称スルモノニシテ必然的又ハ蓋然的ニ危害ヲ生セシムヘキ行為タルコトヲ要セス故ニ原判示踏切板ト軌道トノ間ニ在ル電車ノ車輪通過スル溝ニ小石一個ヲ入レタル被告人喜八ノ行為ノ如キハ必然又ハ蓋然ニ電車ノ往来ニ危害ヲ発生セシムヘキモノト断定スルヲ得サルヘシト雖之ヲ証拠説明ニ参照スレハ判示車輪ノ通過スル溝ハ深幅各二寸ニシテ被告人喜八カ之ニ入レタル小石ハ直径約一寸ナレハ独立シテ又ハ判示被告人茂美カ接近セル同一側ノ溝及軌道上ニ置キタル四個ノ小石ト相竢テ電車カ通行スル場合ニ於テ其ノ速力ノ遅速、車体ノ軽重、操縦ノ功拙、天候ノ変動其ノ他諸般ノ事情ニ因リ電車ヲシテ脱線顛覆又ハ進行ノ障碍其ノ他ノ事変ヲ惹起セシムル虞ナシト謂フヘカラス然ラハ被告人喜八ノ判示行為ハ之ヲ普通ノ観念ニ訴ヘ絶対的ニ電車ノ完全ナル往来ヲ妨害スル結果ヲ発生セシムヘキ可能性ヲ有セスト論スルハ当ラス原判決ニ於テ判示事実ヲ認メ被告人ノ行為ヲ刑法第百二十五条ノ罪ニ問擬処断シタルハ相当ナリ」（大判大一一・一二・一刑集一・七二一）。

次の【35】事件は、被告人が、悪戯をなす意思で、鉄道軌条上に重量一四五匁五分乃至五九匁位の石塊五個を四尺四寸ないし六尺七寸の間隔に置いたというものであるが、このような妨害が列車の運行上どの程度の危険を及ぼすかについて、鑑定人は、「列車は上り下りのいずれの方向から進行してきても、大概は機関車に設備してあるライフガードによつて石塊を弾き飛ばし、車輪に乗り上げる事はない。また、仮に乗り上げたとしても、この程度の石塊では、機関車の重量により破砕され、脱線事故を惹起する事はない。但し妨害の石塊は、いずれも線路の外側（高い方）に置いたものであるから、万一乗り上げ破砕するときは、機関車に甚しい動揺を与えるであろう。また、従来の経験に徴するに、かかる石塊を弾き飛ばすと、その飛散方向によつては、往々にして機関車下部に取付けてあるシリンダーコックの折損、又はオイルパイプを屈曲落失せしめることがある。シリンダーコックが折損した際は、蒸気がもれ速度が減殺されるから、一旦停車の上修理することが必要であり、そうしなければ、運転継続が不能となる。またオイルパイプの屈曲落失は、それにより給油装置が遮断され、直接車軸に油を注ぎかけねばならなくなる。これは停車中に実施すればよいが、無用の手数をかける」としている。鑑定人の意見は、要するに、列車の脱線、顚覆、衝突、破壊等の事故の可能性にはふれず、機関車に損傷を生じその結果列車の運行が阻止されるという趣旨に尽きる。弁護人はこの点を衝いたが、斥けられた。

【35】（上告理由）「……（鑑定人の）……此ノ説明ニヨレハ畢竟スルニ被告カ軌条ニ載セ置キタル石塊ハ大概弾キ飛ハスカ故ニ危険ハナカルヘシ併シ万一偶然ニモ汽車カ車輪カ其ノ石ニ乗リ上クルモ之ヲ破砕シテ脱線スルコト無カルヘシト云フニ帰ス刑法第百二十五条ニ汽車電車ノ往来ノ危険ト云フハ其ノ所為ニ対シ重罪ノ厳刑ヲ科シタル点及第百二十六条ニ汽車電車ヲ顚覆破壊シタル場合ヲ規定スル点等ヨリ考フルモ右掲示ニ続イテ記載スル『シリンダーコック』又ハ『オイルパイプ』ノ屈曲落失等ノ事故ヲ包含スルノ旨趣ニ非サルヘシト信ス……」

（判決理由）「鉄道機関車ノ下部ニ取付ケアル『シリンダーコック』若ハ『オイルパイプ』ノ如キ物モ亦機関車ノ運転ニ必要ナル器具ノ一ニシテ前者ノ折損後者ノ屈曲落失ハ其ノ運転ノ継続ニ障礙ヲ生スヘキハ勿論ナレハ鉄道軌条上ニ石塊ヲ載セ因テ右器具ノ折損若ハ屈曲落失ヲ来タシムル虞アルコトモ亦刑法第百二十五条ニ所謂『其他ノ方法ヲ以テ汽車往来ノ危険ヲ生セシメタル』モノニ外ナラス」（大判大一一・四・一〇刑集一・二一六）。

次は、軌道上に拳大の石塊一個を置いた事件であるが、当該行為が往来危険を生じたものと認むべきか否かについての鑑定人の意見の採用に関し問題とされた。

弁護人は、鑑定人の鑑定意見中、「軌条上に石を置き車輪に触れる場合であつても、石が移動し易いときは、排障機又は車輪に跳ね飛ばすから危険はなく、また石の下の地盤が硬いときは、石を押付けて通過するから列車の進行に危険はない。石を動揺せぬように置いてあれば列車が乗り上げることがあるから危険がある。また石を進行する方向に向かい次第に高くなるように傾斜をつけて置くときは乗り上げやすい」「大抵の場合には機関車の車輪で跳ね飛ばすから危険はないが、乗り上げることがあるからその時は危険がないとはいえない」とその趣旨の部分に基づき、石塊の置き方如何によつては必ずしも危険を生ずるものではない旨を強調したが、裁判所はこれをしりぞけた。

【36】「論旨ハ鑑定人原田類助ノ供述ノ一部ヲ援用シ軌条上ニ差置キタル石塊ノ状態如何ニヨリテハ必スシモ危険ヲ生スルモノニ非サルコトヲ力説シ以テ原判決ヲ攻撃スルモノノ如シト雖刑法第百二十五条第一項ニ所謂危険ハ実害ヲ発生スヘキ虞アルコトヲ以テ足リ之ニ因リ実害発生スルト否トハ問フトコロニ非サルカ故ニ所論鑑定人ノ供述中ニ実害ヲ生スルコトナキ場合ヲ挙ケ説明スルコトアリトスルモ一面実害ヲ生スルコトアルヘキ場合ニ付テモ其ノ供述存スル以上判示軌条上ニ石塊ヲ差置クノ行為ハ石塊ノ位置ノ態状如何ニ拘ラス実害ヲ発生スヘキ虞アルノ行為ニシテ汽車ノ往来ニ危険ヲ生セシメタルモノト云ハサルヘカラス」（大判昭二・九・三〇新聞二七五九・一一）。

次の事例は、被告人が某日夜間、国鉄水郡線某駅北方千米余の地点で、線路敷地内に樹ててあった長さ約二尺、各三寸巾くらいの三角形の伏樋標を引抜き之を軌道にのせ、更に一町位先きで同様の標識一本を抜切とり之を踏切軌条の間隙に差挾んだというもので、脱線等の実害を生ずるに至らなかった場合のものである。弁護人は、証人（汽動車運転士）の供述すなわち、「私ハ右障害物ヲ発見スルト同時ニ停車手配ヲ致シマシタカ当時列車ノ速度ハ時速六〇粁テアリマシタカラ間ニ合ハス障害物ノアツタ個所ヲ通過シテシマイマシタ通過ノ時ハブリブリト云フ音ハシマシタカ衝動ハ感シマセンテシタカラ故障ハ無イモノト思ヒ停車セスニ運転ヲ継続シ上菅谷駅ニ入リマシタ同駅ニ着イタノハ午後八時二十九分テ其ノ時右障害物ノタメ列車ヤ乗客ニ故障カ出来タ様ナコトハアリマセンテシタ私ハ後テ私カ右障害物ヲ発見シタ場所ノ直ク南方ノ踏切ノ護条軌条ト本線軌条間ニ伏樋標カ挾ンテアツタ事ヲ聞キマシタカ私ハ右様列車運転ノ際ニハ其ノ事ハ発見セス又同踏切通過ノ際モ感シマセンテシタ」を根拠に、衝動すら感ぜず、何ら具体的危険を生じなかつたことは明白である旨を主張したが、大審院はこれを斥けて次のように判示している。

【37】「……被告人ノ判示行為ニヨリ汽車ノ往来ニ具体的実害ヲ生セシメサリシトスルモ刑法第百二十五条第一項所定ノ犯罪ハ実害ヲ生セシメタルコトヲ必要トセス苟モ犯人ノ行為ニヨリ汽車又ハ電車ヲシテ顚覆脱線衝突等ノ災害ニ遭遇スヘキ虞アル状態ヲ生セシメタル場合ニ成立シ本件被告人ノ判示行為ハ右ノ如キ災害ヲ生セシムヘキ虞アルモノト認ムルカ故ニ原判決カ判示事実ヲ判示法条ニ問擬シタルハ正当ニシテ……」（大判昭一三・一一・二　四新聞四三五四・一二）。

実害の発生が具体的事情に照し絶対的に不可能でないかぎり往来の危険ありとする判例の考え方は、やや厳格に過ぎるように思われないでもないが、鉄道交通機関の社会的重要性と、事故を惹起した場合の結果の重大性から、鉄道利用者、関係者の鉄道の安全に対する信頼を強く保護して事故発生に対する心理的不安感——危惧の念を除くことが必要であり、したがつて、万が一にも事故を惹起すべき可能性のある妨害行為が故意になされたときには、およそこのような行為が社会的にはまつたく無価値であることを念頭におくならば、実害発生の確率がいかに低くともこれを看過することなく禁圧することが要請されるというべきであつて、判例の立場を肯定すべきである。

なお、置物のほか、転轍器を不正方向に開通させる等、往来の危険を生ぜしめるに足る行為である。これを客観的に往来の危険を生ぜしめたものとする判例として【31】がある。その他、鉄道を破壊し、あるいはレールの犬釘、継目板を除去する等の妨害手段が考えられるが、この程度の行為となれば、むしろ汽車電車顚覆の故意があるか、あるいは工事の失態などの過失によることが多いであろう。

二　信号機、標識に関する妨害

汽車電車の運行は、常に、脱線、衝突、顚覆等の事故発生の潜在的可能性を包蔵するから、安全運行維持のためには、所定の運行時刻を遵守すべきことは当然として（日本国有鉄道運転規則五七条参照）、具体的には鉄道信号の表示に従つて運行することが基本的な要請とされている（同規則五五条）。したがつて、信号の表示が正当になされることが安全運転の根本である。もつとも、信号のうち常置信号機によるものについては、国鉄運転規則第一二三条によれば、常置信号機は、いずれも、故障が生ずれば当該信号機が表示する信号のうちで、列車又は車両の運転に最大の制限を与える信号を表示するか、または全然信号表示をしない機構のものが用いられており、信号機に対する妨害行為から往来の危険を生じないような配慮がなされている。もつとも、信号機のうちにも、臨時信号機たる徐行信号、徐行予告信号、解除信号については、必ずしもこのような機構がとられていない。

標識は、形、色等により物の位置、方向を表示する鉄道信号の一種で、このうち、列車の安全な運行に重要な関係のある標識としては、列車標識――前部標識、白色燈一個、後部標識――赤色燈――、および、転てつ器の開通方向、常置信号機を設けていない個所における列車又は車両の停止限界、自動閉そく式を施行する区間における閉そく信号機、電車線の終端、軌道の終端等を表示する標識がある。

信号機あるいは各種の標識に対する妨害行為が、何らかの意味で、列車の正常な運行を阻害するものであることはとくにことわるまでもないことであるが、それが、刑法一二五条にいう往来の危険を生ぜしめたものとされるかどうかはまた別個の問題である。鉄道営業法三六条は、車両、停車場其の他鉄道地内の標識掲示を改ざん、毀棄撤去し、又は燈火を滅し、又はその用を失わせた者を五十円以下の罰金又は科料に処すべきものとし、同第二項においては、信号機を改ざん、毀棄、撤去した者は三年以下の懲役に処すべきものとしているから、信号標識に関する妨害で、往来の危険を生ずるものは刑法一二五条により、また往来の危険を生じないものは鉄道営業法三六条により処罰されることになるわけである。なおこの点については【22】参照。

信号機の破壊、電源切断等の行為は、一見すると列車の安全な運行に重大な支障を与えるもののようであるが、常置信号機については、構造上、故障が生じても、それによつて直ちに列車の安全な運行に脅威を及ぼすような誤つた表示が作り出されることはないので、多くの場合は、列車の運行が不能になるという、往来妨害——威力ないし偽計、業務妨害罪として処罰の対象になろう——の状態がつくり出されるに止まる。もつとも、信号機が機能を害された結果、無へいそく運転その他の非常措置がとられ、そこから列車の追突、衝突等の事故が惹起される危険が増大することは事実であるから、状況によつては、往来の危険の発生ありと認め得る場合もあり得るであろう。例えば、無へいそく運転が行われている際に、列車の後部標識を損壊する等の事情が加われば、往来の危険の発生ありとみることができる。もつとも、これらの行為について往来の危険の発生を認めた判例はない。

信号機の信号燈の取り外しについて、鉄道営業法三六条二項の違反とした判例がある。

【38】「鉄道信号機ノ信号燈ハ夜間ニ於ケル鉄道標識ノ主要ナル一部分ニシテ之ヲ欠如セハ夜間ニ於テ該標識ハ全然其ノ効力ヲ喪フヘキモノナルヲ以テ鉄道遠方信号機ノ点火シアル信号燈ヲ取下シタル原判示被告ノ第四ノ所為カ鉄道営業法第三十六条第二項ニ該当スルヤ論ヲ俟タス……」（大判大一一・四・一〇刑集一・二一六）。

また、労働争議に際して、停車場構内の場内信号機の操作を放置し、その結果電車の停車場構内への進入を妨げ、ダイヤの混乱を招いた事例に関し、判例は、当該場内信号機は連動式で、操作放置とともに当然に停止信号を示し、且つ場内信号機と本線の閉そく信号機とは自動閉そく方式が採られている関係上、電車が場内信号機の所在地点に停車すれば後続電車は外側閉そく信号機の地点で停車すべきもので、追突の危険を生ずる余地がなく、また天候、時刻から、信号誤認の危険もなかつたことを理由に往来の危険の発生を否定した。

【39】（上告受理申立理由）「……高速度交通運転機関は悉く大量の客貨を迅速安全に輸送することを任務とし……その施設と機能の上に輸送列車の運行の安全こそは先ず何をおいても第一義的に考慮が払われねばならない。……そこで標識の損壊その他の方法によつてかかるダイア運行を妨害阻止して列車を停滞せしめるが如き行為は直ちに福岡――大牟田間の全区間に波及し乗務員や乗客大衆に対し異常の不安と混乱を生ぜしめるばかりでなく仮令非常的な停車措置を為すとしても条件又は態様により衝撃と動揺は免るべくもなく人の身体生命は素より物件損壊等の災害事故を発生する可能性を多分に有し、必然的に往来の安全は脅威を受けることは実社会における経験則上明らかなところであるから、これがとりも直さず法的には往来の危険を生ぜしめたものに該当する類型の一つである。本件において被告人三名は信号機の操作に当るべく勤務中の信号士三人を退去せしめたる上電車通行阻止の意図の下に車両通行に必要な信号操作を放置し即ち標識機能を阻害喪失せしめ以て旅客輸送電車等十一ケの列車の運行を停止又は運休せしめたのである。その所為

は直接所定の運行ダイアに不測の混乱を与えたものであり一応客観的には電車の往来を妨害し災害事故発生の可能性を惹起したものであるから同法条第一項所定の往来の危険を生ぜしめたるものに当ると解しても必ずしも失当ではあるまい。進んで前示原判決の判定につき検案するに、本件信号標識の設備が連動式自動閉塞機であり自動的に悉く停止信号の標識を表示する装置であることは所論のとおりであるがその故に事故発生の危険なしと即断することは全く客観的な実験則と法意を無視曲解したものに他ならない。蓋し右自動閉塞機により駅構内構外の信号機は運動自動的に一様に停止信号を標識し即ち赤信号を表示するのであるが、これは飽く迄信号標識が自動的に表示されるのみの限度即ち赤信号を表示持続されることが確保されるのみであつて、それ以上の何ものでもないから之を以て事故発生の絶無が保障されたとは断じ難い。況んやこの赤信号は電車乗務員等に対し停車又は低速進行等の警戒措置を講ぜしむべき標識であり一般に所謂危険信号と称せられ異常にこの表示が為されるにおいては乗務員乗客に不測の危険感を与えることは必定であるとともにこの標識に基き適切なる運転上の操作を為すことは一に当該乗務員に委ねられるという危険防止責任の転換と拡大を随伴し然も逐次進行し来れる電車が陸続と接近し来つた場合には何人かの注意義務の懈怠は保し難く追突又は急制動等によつて如何なる災害事故を発生するやも測知し難いことは経験則に照して明らかである許りでなく、本件証人Yの、「最近の事故では運転士の過失により赤信号の標示を太陽の逆光線の関係で注意信号と誤認して追突した事故がある」との証言供述に徹しても肯定されるところである。更に本件被告人等の所為は、その意図するところは、尚長時間持続されることが予定されたものであつて、……多大の危険性を包蔵していたことが看取され得る。果して然らばこれ等を綜合して本件被告人等の所為は電車の往来危険発生の可能性又は胚胎性の存することは一段と明白であるから刑法第百二十五条第一項に所謂その他の方法によつて電車の往来の危険を生ぜしめたるものに当ることは一点の疑を容れる余地はない。然るに原審判決が冒頭挙示の法律的判断を下していることは即ち同法条の解釈に関する重大なる誤をおかしているものと論断せざるを得ない。（第二点）……中略……同法条の所謂『往来の危険を生ぜしめ』とは汽車電車の顚覆、脱線、追突の虞ある状態に限定さるべきでなく、啻に当該運転機関の設備機械の災害にとどまらず不時停車の条件又は態様による乗務員乗客の身体生命、貨物の安全性に危害を生ずる虞ある一切の危険事態を指称するものと解すべく客観的に聊かたりとも危害発生の可能度の予測され得る限りにおいては即ち『危険を生ぜしめ』に該当すると解するを相当とする。果して然らば本件において被告人三名共電車の正常運行阻止の意思を以てその行為を為したことは原判決認定のとおりであり、往来の危険発生の虞ある状態を生ぜしめたという客観的な法律事実は前第一点論及のとおりであるから、原判決が叙上見解の下に刑法第百二十五条第一項の適用をしないということも亦同法条の解釈につき重要なる誤りをおかしているものと論結せざるを得ない。」

（上告審判決）「……本件において、原審が認定した事実によれば、本件二日市駅信号所の信号設備は、いわゆる連動式自動閉塞機であつて、同信号所において電車の通行に必要な信号操作を放置すれば、右信号機の操作の特質上、同駅構内の各信号は、すべて自動式に停止信号となつて、電車は同駅構内に進入することを阻止され、構内信号灯外に停車を余儀なくされ、先行電車が構内信号灯外に不時停車をすれば、右連動式自動閉塞機の作用によつて、右先行電車外方の閉塞機は直ちに停止信号となるのであつて、その間、電車の顚覆、脱線、追突等の危険の虞ある状態は、毫も作成されるものでなかつたというのであり、そして、第一審判決の適法に確定したところによれば、右のごとく停止信号となつた場合においては後続電車は、右停止信号灯外に一旦停車した後、応急の際直ちに停車しうるため時速一〇粁以下の低速で進行する様に運転規程上定められており、従業員はこれに従う様常時訓練されており、また、右構内信号灯、停止信号灯間に相当の距離があり、且つ本件では右停止信号灯付近の見透し極めて良好な場所であつて、しかも昼間晴天の日を選んで行われたから先行電車の定位置外の不時停車による後続電車の追突等の危険発生の虞もなかつたというのである。されば、被告人らが判示信号操作を放置したことによつては、本件の場合、直ちに所論電車往来に危険な結果を生ずる虞ある状態を発生させたものということはできない。したがつて原判決が本件公訴事実（第二）中被告人らが右の行為によつて判示会社の電車運行業務を妨害した点のみを有罪とし、電車往来の危険罪につき、犯罪の証明がないものとして無罪の判決をしたのは結局正当であり、所論の違法があるとは認められない。」（西鉄二日市駅信号所事件―最判昭三五・二・一八刑集一四・二・一三八）。

もとより、これらの判例で、往来の危険の発生が否定され、あるいは問題としてとりあげられなかつたのは、常置信号機妨害行為に対して運転の安全を保持し得るように構造上完備されていることが大きく影響しているものと思われる。したがつて、停止信号を進行信号と誤認するような外部的装置を施したり、あるいは、臨時信号機たる徐行信号機を除去あるいは消燈すること等は、運転の安全に重大な脅威を与えるものとして、往来の危険を生ぜしめるものであること疑いない。

なお、信号の誤認、あるいは信号標識の取付け作業の誤り――例えば信号保安係員が駅構内ポイントの夜間用標識燈を上下線開通方向に一致させないで取り付ける過失（最判昭三三・一・二三・二四刑集一二・一・二三〇）――等が往来の危険を生ずべき行為であることは疑いない。これは専ら過失往来危険罪として問題にされているところである。

以上のほかにも、鉄道通信線、配電線に対する妨害が、通信の杜絶、信号の機能麻痺をもたらす場合には、列車の正常な運行を阻害することは経験上あきらかであるが、ただ、これらの行為がそれだけで往来の危険を生ぜしめたものといえるかどうかは問題で、諸般の情況を考慮の上決定されなければばならない。この点については適当な判例は見当らない。

三　列車運行の秩序の阻害

鉄道交通機関は、当該事業の性質上、当然にある程度の事故発生の危険を伴うものであるから、鉄道企業は、このような事故発生の危険を未然に防止するため、各種の危険防止の方策を講ずるとともに、個々の列車電車の運行が、総括機関の掌握の下に、その指令にしたがって一糸乱れぬ秩序の上に実行されるよう運営されている。この企業運営の秩序が紊乱され、総括機関の掌握せざる列車電車の運行がなされ、企業運営に混乱を生ずることは、鉄道交通の安全保持の上からみて、運転規則不遵守、緊張の欠如による過失の誘発等を生じやすく、好ましくない事態であることはいうまでもないが、この事態を刑法上いかに評価するかの問題につき、これに往来危険罪の成立を認めた人民電車事件の最高裁判決が注目される。

人民電車事件は、昭和二四年六月、国鉄労組東神奈川電車区および車掌区分室の罷業に際し、組合管理の「人民電車」を、東神奈川――赤羽間、および東神奈川、鶴見間にそれぞれ一本運行した事件で、この電車が、往来の危険を生ぜしめたものとして訴追され、第一審は被告人らに往来危険の故意なしとし、第二審は、これを事実誤認として原審に破棄差戻したが、差戻後の第一審は、以下に掲げるとおり、種々の観点から本件人民電車の性質を論じ、結局往来の危険の発生なしとした。これに対して再度の第二審は、積極的に往来危険の発生を認め、最高裁判所もこれを維持した。

【40】（差戻後第一審判決）「……運行する電車に原因して発生する電車往来の危険の態様は、(1)進行す

る電車自体の脱線顚覆、破壊によつて発生するもの、(2)運行する電車と他の電車との衝突又はこれを防止する為に発生する他電車の脱線顚覆、破壊、(3)運行する電車の為に生ずる他の電車相互間に於ける衝突とが考えられる。先ず本件電車の運行に関して(1)の点につき検討する。……

……以上の第一、第二号各電車と通常の電車との相異については、業務命令に反しておる電車と反していない電車と云うことの外に本件各号電車側面には白墨で人民電車と記載されてあつた……に過ぎない。

而して右電車は特に故障の無視信号の不遵守各種注意義務の違反正規を超える異常スピード等を以て運転されたと云う様なことはすこしも認められない。従つて通常の電車に比較して(1)の点に関し特に危険があつたと云うことは到底出来ないし、又本件各号電車を巨大な動力を有つ障礙物と見ることも勿論妥当でない。単に判示の様な業務命令に反したと云う一事を以てしては(1)に掲げた往来危険を認定することはできない。

次に(2)(3)の点につき検討する。第二号電車についてはその前後に全く電車が運行されて居らぬのでこのような危険は生じない。第一号電車については同電車の運行により上野駅、品川駅で通常の電車の運転整理をなされたことが認められ、又同電車の運行により山手線、京浜線（特に田端、田町間の両線の併用区間）に於て第一号電車と他の電車との時隔乃至第一号電車運行に原因して生じた電車間の間隔が一分乃至二分に短縮した場合の生じたことが認められる。それ故第一号電車の運行によつて生じたこのような事態は電車の衝突顚覆脱線破壊等の実害を発生すべき虞のある状況を作為したと云えるかどうか。云う迄もなく現代に於ける高度に発達した交通機関の運行は迅速を以てその一大要素としておりこれあるが故にこそ吾人の社会生活に大きな寄与をもたらすのであるが、此の迅速なるものはまた交通機関より生ずるあらゆる危険の根源であつてしかも幾多の施設工夫、努力に拘らず厳密に云えば必然的に若干の危険を随伴することを免れないのでその総てを捉えて違法と見ることは到底交通機関に対する吾人の社会的要請を満す所以でない。

然らば如何なる程度の危険を以て違法となすかはそれの運行によつて生ずべき危険の発生を防止する為に

遵守することを要する諸法規乃至慣行の許容する通常の状態を逸脱するか否かによつて決するのを相当とすべきである。……業務命令に従つて運行する通常の電車間に於ても或る電車の何等かの事情により他電車に影響の及ぶ場合それに因つて電車の運転整理をするが如きは日々行われ寧ろ通常の状態であつて斯る事態は一般乗客である吾人さえ日常その経験に乏しくないところでありその都度これを以つて電車往来危険罪を構成すると見るの失当なことは前説示を待つ迄もなく多言を要しないであろう。従つて本件第一号電車の運行に原因して電車の運転整理が行われたとしても同電車が通常のそれと同様運転上の諸規則等を遵守する限り右の一事をもつてしては未だ違法な危険の発生ありと云うことは出来ない。而して仮りに本件運転整理が為されなかつたとしても運転整理の原因となつた電車の運行自体は各信号の現示に従い運転諸法規の遵守を欠如しない限り通常の電車と同様或いは輸送能率に消長を来すことはあつても違法の危険を生ずる筈のないこと本説示を首尾通覧することにより自ら釈然たるべきである。……次に前示時隔短縮の事態について考えてみるに国鉄に於てはその路線中運行密度の高い箇所には自動閉塞信号機を設置して事故の防止をはかつており、……第一号電車の運行に関して偶〻判示区間に生じた電車間の時隔の短縮一分乃至二分と云う事態は関係規程乃至慣行の許容する通常の状態であることが明らかであつて前説示に照し、之を違法な危険とは称し難い。……なお附言するのに京浜東北線各駅においては全く場内信号機の設置があり電車の同各駅に停車中は右信号機の現示する停止信号により同信号機を超えては進入し得ないので信号無視の挙に出ない限り駅構内に於ては衝突及びこれに類する危険の発生を見ることはない。又収容線上の電車を本線ホームに引き入れようとする際場内信号機を停止信号に現示出来ない限り入換信号機を進行信号に為すことは鎖錠装置により不可能である。更にその本線レール上に他電車の近接しつつある際は接近鎖錠装置により入換信号機を進行信号現示と為すことも不可能である。従つてポイントも開き得ないによつて信号無視を犯してこれを割り出さない限り前示の危険発生を見る由もない。而して本件各号電車がいずれも関係信号を遵守の上、運転されていた次第は先に述べた通りである。これを要するに業務命令に反した本件各号電車は国鉄の輸送能率に若干の影響を及ぼし且つその当局に対して心理的な多少の危険感を生じさせたであろうことは十分看取し得るのであるがこれを以つて本件各号電車の運行が電車往来危険罪の構成要件たる危険を発生せしめたとは認め難いのであつて結局本件各号電車の運行による電車往来危険罪の訴因はその証明がないことに帰するのである。」（横浜地判昭三二・一二・二六）。

（第二審判決）「……刑法第百二十五条の電車往来危険罪は、何らかの方法により、電車の衝突、脱線、顚覆等安全な電車の往来を妨げるおそれある状態を作為することによつて成立するものであり、その事故発生が必然的・蓋然的たることを要せず、もとより実害を生ずることは必要としないものと解すべきところ、原判決は先ず、業務命令に反して電車を運行させても、事故防止に関する諸規則、慣行に従つて運行している限り、たとえ危険が発生してもそれは違法の危険ではないとし、……六月十日の人民電車の運行が違法な危険を生ぜしめたとは認められない、六月十一日の場合は前記同盟罷業により、人民電車の前後を運行する電車がなかつたのであるから電車の往来に付危険を生ぜしめた事実はないという判断・認定をしている。

原判決のいうところの違法の危険とは、その意義が明瞭でなく、真意を理解し難いのであるが、……正規の資格、技能を有する者が事故防止に関する諸規則、慣行に従い業務上の注意義務を尽して電車を運行せしめる場合は、具体的のその場合に電車の顚覆、衝突等の事故発生の必然性、蓋然性が少いことを考え得るに止まり、その行為が常に違法性を欠くと断定することはできない。このような危険を生ぜしめた行為が違法性を有するや否やは事故発生の必然性、蓋然性の有無、強弱に関係なく、これを離れて行為全体が法秩序に反する性質を有するや否やによつて決すべき事柄であるからである。また刑法第百二十五条の危険とは、前記のように、電車の安全な往来を妨げるおそれある状態、即ち顚覆、衝突等の事故発生の可能性ある状態をいうのであつて、その危険の態様・程度を問わないものと解すべきであるから、危険自体の態様・程度によつて右法条に規定する危険を然らざる危険とに区別する見解は正当とはいえない。……

国鉄のような高度交通機関の大企業においては、その企業自体の性質上常にある程度の事故発生の危険を伴うものであるから、その企業の運営については、運輸事業としての本来の目的を可及的効果的に達成する方策を講ずる外に、事業に伴う危険をでき得る限り未然に防止するため、一面にはすべての設備、施設、機関についてあらゆる危険防止の方法を講じ、運行する列車、電車については正確、詳密な運転計画を樹立して実施し、その計画を関係従業者に周知徹底させ、なお従業者に対しては各自の職務遂行に過誤が生じないようにするため、十分な訓練と服務規律遵守を励行させることを要すると同時に、他面にはこれらの施設、設備、機関、従業者のすべてを統括機関において掌握し、全企業がその機関の統制の下に完全な秩序と調和とを保ち、全一体の有機的連繋をもつてその事業の運営を行つていることが明瞭であり、かような組織と秩序と運営があつてはじめて危険を伴うこの企業が正当な行為として国家的社会的に承認されて違法性を阻却するものというべきである。それ故たまたまその企業体の一部の従業者が、列車、電車の運行に関する統括機関の統制に背き、業務命令に反し、定められた運転計画に従わず、ほしいままに電車を運行させるという如き所為に出ることは、単に企業体内部の形式的規律違反たるに止まらず、全一体たる企業の有機的連繋と秩序とを破壊し、定められた運転計画をみだし、列車、電車の運行をそごさせて混乱を生ぜしめるのみならず、企業の他の作業部門、例えば、踏切、電力、駅構内の作業等にも混乱を生ぜしめ、そして、これら各方面の混乱が高速度交通機関たる列車、電車の事故発生の原因となり得るものといわなければならない。従つてかような所為は正当な業務行為たる本質を喪うと同時、電車の運行について顚覆、衝突その他の事故を発生せしめるおそれある点において刑法第百二十五条の犯罪の違法性を具備するものというべきである。

本件においては、前記のように被告人らが総括機関たる新橋管理部の管理を排除し、その業務命令に背き、ほしいままにいわゆる人民電車を運転したのであるから、……その所為はもとより正当な業務行為とは認められず従つて右人民電車の運行により電車の往来に際して顚覆、その他の事故発生のおそれを生じさせれば、被告人らの右所為は刑法第百二十五条に該当するものというべきところ、前記のように六月十日の人民電車運行により、山手線電車の運転計画にそごを生じ、運転整理による一部電車の運行停止、田端、田町両駅間においては運転計画に定められた時隔を短縮させる等の事態を生ぜしめ、六月十一日の人民電車の場合は国鉄当局をして前日の事態に鑑み鶴見駅において送電停止の処置をとらしめたのであつて、これは即ち被告人らが人民電車を運行させたことにより、国鉄の運転計画及び作業の一部に混乱を生ぜしめ、電車の往来について事故発生のおそれある事態を生ぜしめたものと断ぜざるを得ない。なお六月十一日の人民電車運行当時は前記同盟罷業により、京浜東北線上、人民電車の前後を運行する電車がなかつたことは明らかであるが電車の顚覆、破壊、脱線等の事故は、原判決のいう如く運行電車自体の運転、あるいは運行電車と他の電車との間又は他の電車相互間に生ずる原因のみによつて発生するものではなく、運行電車の進路における踏切、電力、駅構内の作業、施設及び一般交通者と当該運行電車との間に生ずる事態も原因となつて発生するおそれあること経験上明白であるから、たまたま同盟罷業により、京浜東北線上を運行する他の電車がなかつたからといつて電車の往来に事故発生のおそれが全くないとは断定できない。……また……本件人民電車の場合に統括機関が運転整理、送電停止等の措置をとつたことは、人民電車の運行が、電車の往来に危険を生ぜしめた証左に外ならないのであつて、通常の場合にも運転整理、時隔短縮等の事例があるから、本件人民電車の場合も危険が認められないとか、違法でないとかいう原判決の見解は失当である。むしろ通常の場合においては、運転整理の原因となる電車も、整理を受ける他の電車も、又時隔短縮の各電車も、すべて運転計画に基く正規の電車であるから、統括機関において十分これを掌握しているのであり、他の電車又は作業の関係者にも予期されているものであるから、時隔短縮、運転整理等によつて甚しい混乱を生ずることなく、統括機関もダイヤに基づき関係電車の状況と睨み合せ、迅速適確な方法を講じて事故発生を防止することができるのであるが、統括機関の掌握せずその命令に従わない本件人民電車については、同機関としてはその運行の目的、方法その他同電車に関する状況は一切事前にこれを知ることができず、従って事前に迅速適格な計画を樹てて関係方面に指揮連絡することが不能であり、わずかに各方面からの事後報告をうけて応急的に事故防止の手段を講じたに過ぎないこと証拠上認め得るところであつて、同じく時隔短縮、運転整理といつても、本件の場合は通常の場合に比し、一層高度の危険が生じたものといわなければならない」（東京高判昭三三・六・二三）。

（上告審判決）「……原判決は、被告人らが右の如き往来の危険を認識して、その犯行をしたものと認めた趣旨であること明白である。そして原判決のこの点の判断はすべて正当である。……」（人民電車事件―最判昭三六・一二・一刑集一五・一一・一八〇七）。

本件で問題となるのは、人民電車が、三鷹事件における無人電車のように、まつたく人間による統御の余地がなく、信号遵守、速度制限などの運転上の安全保持のための諸規則にしたがう余地のない極めて危険な障害物ではなく、一応、正規の運転士により、運転上の諸規則を遵守して運行されたものであり、とくに、東神奈川――田町間においては、当時全面的罷業の実施中で他の電車は運行されていないため、他電車との関係での衝突、脱線、転覆などの危険を生ずる余地はなく、また、田端、田町間の京浜東北、山手両線併用区間（当時）においては、該人民電車のために、山手線電車の運行に相当の混乱を生じ運転整理等の事態を必要ならしめた事実はあるが、山手線電車の運転士が、信号を遵守し、その他運転上の諸規則に則り運転をなすかぎり、人民電車と山手線電車、または、山手線電車相互間の衝突、脱線、顚覆という事態は生じ得ないものと解せられるから、この意味において、往来の危険を生じないものとみるべきではないかという疑問である。差戻後の第一審判決では、とくにこの点の説明について、苦心の跡がうかがわれる。

第二審判決は、理論的には、危険の概念について、およそ管理者の指揮に服しない電車の運行のごときは、当然に往来の危険をともなうかのごとき論旨を展開しており、この意味であまりに割り切りすぎた感じがある。しかし、第二審判決の指摘するとおり、管理機関の統御に服しない電車の運行が、直接に他の電車との衝突というような事態は惹起することがなくても、鉄道職員の緊張の欠如による運転上の諸法則の無視等事故惹起の諸原因を誘発するほか、駅構内の従業員、線路工事従事者、列車運休の際の線路上の歩行者に対し危険を及ぼすこと、また、踏切事故誘発の危険性を帯びること等を考え併せると、公共の危険の発生がまったく発生しないものとは断定できず、具体的事情の下において、そのような危険を無視しえないものである限り、往来の危険の発生ありとみることは可能である。

とにかく、本件の核心は、形式的には国鉄当局の業務命令に反し、国鉄当局の関知しない電車を動かすことが、直ちに公衆一般に、当該電車の運行に基く、列車の顚覆脱線等の実害発生の危虞を生ぜしめることになるか、組合管理の電車とはいえ、正規の運転士、車掌が乗務し、一応正規のダイヤに則つて、運転上の諸法則を遵守して運行がなされた以上、それだけではいまだ列車の脱線、顚覆等の実害発生のおそれは生じないとみるかの心理的な要素のとらえ方いかんにあるといつてよい。労働争議という特殊の事情に重点をおかぬ限り、これまでの判例の立場からみて、事故発生の危険が皆無といえない限り、往来の危険の発生ありと認められても致し方あるまい。

この事件と対比さるべきは、【39】の西鉄二日市信号所事件で、これは、争議手段として、信号所要員をひき揚げ、信号所操作を長時間放置したというものであるが、最高裁は、往来の危険の発生なしとする。その理由は、当該信号所設備が、連動閉塞式となつている関係上、信号所操作放置により信号はすべて停止信号（赤標示）となり、電車は駅構内への進入を阻止され、さらに、後続電車も、駅構外に停車した電車の外方信号灯が連動閉塞式により停止標示となる関係上、後続電車が追突する危険性もないということにある。理論的には、人民電車の場合にも同じことがいえることであり、両者の差異が問題となるところである。二日市事件では、列車の運転回数もすくなく、また、天候も、信号を誤認せしめるようなものではなかつた上、列車の運行を阻止した時間はさほど長くはなく、信号誤認による事故発生のおそれも顕著ではなかつたようであるが、人民電車事件では、京浜東北線と山手線の併用区間で現実に相当のダイヤの混乱が長時間にわたつて生じており、信号誤認等による事故発生のおそれも絶無ではなかつたものと思われ、この面で両判決の事案の相違を認めることが可能である。

四　車体に関する妨害

機関車、電動車等の列車の運転に関係ある諸設備を害し、列車の正常な運行を阻害する行為は、事情によつては、往来の危険を生ぜしめたものとされることがあるであろう。例えば制動機の機能を害するような細工を施すごときである。もつとも、この種の行為のうち、列車の発車、進行を阻害するに止まるものは、単なる業務妨害であつて往来の危険を生ぜしめたものとはいえない。

特殊な方法としては、運転装置に細工を施し、無人電車を発進・暴走させた事例――三鷹事件がある。この場合は、当該無人電車については当該方法でその顚覆、脱線等の事故の発生のおそれを生ぜしめたとして、往来の危険を生ぜしめたものと解せられるほか、他の電車に対する関係でも、一種の巨大な障害物を線路上に放置した意味で往来の危険を生ぜしめたものといい得る。

【41】「……所論の第百二十五条第一項は犯罪の手段方法として鉄道又はその標識を損壊して汽車電車の往来の危険を生ぜしめた場合の外明かに『その他の方法を以て』汽車電車の往来の危険を生ぜしめたる場合をも同様に規定しているのであるから、同条には犯罪の手段方法として所論のように鉄道又はその附属施設の損壊又は破壊をする場合の外広くその他の方法をも包含し本件の場合のように無人電車を使用して往来の危険を生ぜしめた場合を包含するものと解することに何等の妨げもないのである……。」(東京高判昭二六・三・三一、最判昭三〇・六・二二刑集九・八・一一九一の第二審判決、一一七六三頁)。

なお、列車の乗客が、偶々手にふれた列車の制動機のハンドルを面白半分に手で七・八回廻転し爪車に爪(制動機の緩解を阻止するための装置)をかけたままにして降車したため、列車の発進が不能となり、異状状態の発見と是正のため鉄道従業員に時間を空費させ定刻より三分遅延させて発車せしめたという案件につき、偽計による威力業務妨害罪の成立を認めず、軽犯罪法第一条三一号の「他人の業務に対して悪戯などでこれを妨害した者」の条項を適用処断した例がある。

【42】「……刑法第二百三十三条にいう『偽計ヲ用ヒ』とは人の業務を妨害するため、他人の不知或は錯誤を利用する意図を以て錯誤を生ぜしめる手段を施すことをいうのであつて、列車の制動機を故なく緊締する場合、他人がその事実を知らないことと或は緊締していないものの如く錯誤に陥つたことを利用して業務を妨害せんとするの意図に出たことが認められないかぎり、刑法第二百三十三条を以て律することはできないのである。……被告人の本件所為はこれにより列車を出発不能に陥らしめその異常状態の発見と是正に鉄道

従業員に時間を空費させて定時より約三分間遅延させて発車せしめたことは所論のとおりであるが、もしそれその所為にして列車往来の危険を生ずるが如き重大なものであるならば刑法第百二十五条往来危険罪等を以て問擬するとか又その他の犯罪の構成要件を充足するならばその該当法規を適用して処罰すべきは格別列車の運行妨害のため他人の不知或は錯誤を利用する意図を以てなされたとは認められない本件を行為自体重大の一事を以て刑法第二百三十三条にいう偽計を用い人の業務を妨害したものと解することはできないのである。そして被告人に対しては原判決挙示の証拠により原判示事実を認定するのを相当とするから本件は軽犯罪法第一条第三十一号により処断すべく原判決の法律の解釈適用には何等誤りない。……」（大阪高判昭二九・一一・一二刑集七・一一・一六七〇）。

もつとも、この種の行為でも、列車の急停車による衝撃等が原因となつて、乗客に危害を及ぼすおそれがないではない。現に乗客、乗務員の負傷を生じた場合には往来危険罪として刑事責任を追及されることもあり得るであろう。

五　その他

その他の場合として、現に進行中の列車の乗務員ことに運転士、機関士の職務遂行を妨げるような行為あるいは運転士自身が酩酊等職務の遂行をし得ない状態で列車を運転する行為等は、往来の危険を生ぜしめるものと認め得るであろうが、判例にはあらわれていない。なお進行中の列車に対して発砲、投石する行為は、直接に、高速度交通機関としての列車の安全を害するものとはいえないから、単に、人又は物を侵害する行為として、個人的法益に対する罪として罰すれば足るであろう。なお、発砲・投石の結果、車両の一部分、例えば、窓ガラス一、二枚を損壊したような場合、電車破壊罪を構成するものではなく、単に器物損壊罪を構成するにすぎないとの判例がある。

【43】「刑法第百二十六条ニ所謂人ノ現在スル汽車又ハ電車ヲ破壊シタル者トハ人ノ現在スル汽車又ハ電車ノ実質ヲ害シテ其交通機関タル用方ノ全部又ハ一部ヲ不能ナラシムヘキ程度ノ損壊ヲ至シタル者ヲ指称スルモノトス而シテ原判文ヲ見ルニ被告ハ電車ノ窓硝子ヲ毀損スル目的ヲ以テ進行中ノ電車（人ノ乗リ居レルモノ）に小石ヲ投シ其窓硝子ニ穴ヲ穿チ其周囲ニ亀裂ヲ生セシメ又ハ窓硝子一枚ヲ粉砕セシメ或ハ車体ニ塗リタル漆様ノモノヲ直径一寸許不正円形ニ剝離セシメタルノミニシテ其交通機関タル用法ノ全部又ハ一部ヲ不能ナラシムヘキ程度ニ達セル損壊ヲ為シタルモノナラサルコト分明ナレハ原判決ハ其理由ノ明示ニ欠クル所ナク又原院カ其認メタル事実ニ対シ刑法第百二十六条ヲ適用セス同法第二百六十一条ヲ適用スヘキモノト判示シタルハ所論ノ如ク擬律ノ錯誤又ハ法律ノ解釈ヲ誤リタル失当アルモノニアラス」（大判明四四・一一・一〇刑録一七・一八六八）。

もちろん、一車両の窓ガラスの相当枚数を破壊し、車両として通常の使用に耐し得ぬ程度に至らしめたときは、列車破壊罪の成立を認めることができよう。

七 艦船の往来の危険

艦船の往来危険罪は、燈台又は浮標を損壊し又はその他の方法をもつて艦船の往来の危険を生ぜしめることによつて成立する。問題となるのは「その他の方法」であるが、例えば、航路に水雷を敷設し、燈台の燈火を消し、詐欺の航路標識を設置する等の行為（小野等・ポケットコンメンタール二六一頁）のほか、航路に障害物を漂流させる等も考えられる。なお次の判例は、曳船の船長が、過失により、夜間、〔被〕曳船（舵を有し乗務員が搭乗している）四艘を漂流せしめた行為につき、当該の被曳船自体の往来の危険と、曳船の漂流により他の船舶の航行に障害を与える意味での往来の危険とを同時に生ぜしめたものとする。

【44】　「刑法刑法第百二十九条ニ所謂過失ニヨリ船舶往来ノ危険ヲ生セシメタルモノトハ過失ノ結果艦船ニ対シ其ノ覆没又ハ破壊其ノ他往来ノ危険ヲ生セシメタルヲ指称スルモノニシテ其ノ船舶ハ直接事故ノ発生シタルモノナルト其ノ他ノ船艦タルトヲ問ハサルモノトス而シテ原判決カ証拠ニ依リ認メタル事実ニ依レハ被告人ノ過失ニヨリ四艘ノ曳船ヲ香川県沖合ニ漂流セシメタルモノニシテ該曳船ハ独立シテ航行スヘキ完全ナル設備ナク加之未明ニ海上ニ漂流セシメタルモノナルヲ以テ被曳船自身ノ往来ニ危険アルノミナラス且同海面ニ航行スル他ノ艦船ノ往来ニ対シテモ危険ナルコト勿論ナリ」（大判昭二・一一・二八評論一七刑法一一八）。

なお、航行中の船舶に故意に損傷を与える行為は、損傷の程度が船体の実質を害して、航行機関たる機能の全部又は一部を不能ならしめる程度に破壊したときは、船舶破壊罪、航行に障害を与える程度のものは往来危険罪を構成する。

【45】　「刑法第百二十六条第二項ニ所謂艦船ノ破壊トハ艦船ノ実質ヲ害シテ航行機関タル機能ノ全部又ハ一部ヲ不能ナラシムヘキ程度ニ損壊シタルコトヲ指称スルモノトス原判決ニハ『被告人茂ハ……第一長寿丸ヲ操縦シテ発動機船大福丸ヲ追撃シ其ノ船首ヲ大福丸ノ右舷ニ故意ニ衝突セシメテ其ノ右舷ノウオーターレール（船側台木）約十五尺及カイシング（船舷）三十余尺ヲ破壊シ操舵室ヲ倒壊シ以テ人ノ現在スル船舶ヲ破壊シ……』ト判示シアリ而シテ船側台木（ウオーターレール）及船舷（メイシング）ハ船体ノ一部ヲ形成スルモノニシテ判示大福丸右舷ノ船側台木（ウオーターレール）及船舷（カイシング）ノ各一部ヲ判示ノ如ク損壊シタルハ即チ其ノ船体ノ実質ヲ壊チ安全ナル航行ヲ不能ナラシメタルコト顕著ナル事実ニ属シ被告人ノ判示行為ハ人ノ現在スル船舶ヲ破壊シタルモノニシテ刑法第百二十六条第二項第一項ノ罪ヲ構成スルモノトス」（大判昭二・一〇・一八刑集六・三八六）。

危険の程度、危険の認識、危険の発生時期等については、汽車電車の往来危険について述べた一般論をあてはめることができる。この点については、判例はあまり見当らない。

騒擾の概念

大野平吉

はしがき

本稿は、騒擾罪に関する判例の検討を通して、刑法一〇六条の騒擾罪の規定が、いかに解釈・適用せられなければならないか、を考えてみたものである。その意味で、「騒擾の概念」という与えられたテーマの固有の領域を超脱して、騒擾罪に関する問題の全般にわたつて論及しなければならないことになり、当初予定された頁数をはるかに超過するものになつてしまつた。

わたくしは、騒擾罪の規定そのものを違憲とは考えないが、今日、その解釈・適用は、日本国憲法の視角から再検討を迫られているといつてよいであろう。大変未熟な研究であるが、もし本稿が、そのための何らかのお役に立つならば幸いである。

なお、騒擾罪についても、本文に引用したような多くのすぐれた研究が公にされているが、また、引用し得なかつた文献も少くないが、本稿を草するに当つては、それら先達の諸文献に教えられるところが多かつた。ここに厚く感謝の意を表したい。

最後に、資料の貸与につき御配慮をいただいた熊本地方裁判所長谷本寛氏並びに資料室の各位に、記して感謝の意を表したい。

(判例の引用の場合の頁数は、当該判例の始まる頁数ではなく、引用判文の始まる頁数を示すことに注意せられたい)。

一　序　説

一　群集犯罪としての騒擾罪

（一）　騒擾罪 (Landfriedensbruch, riot) は、内乱罪とともに、いわゆる群集犯罪の一つであるが、騒擾罪のような群集犯罪については、研究を要すべき問題が多い（群集犯罪あるいは一般に集団犯罪に関する文献としては、木村・刑事政策の基礎理論（昭一七）一三五頁以下、安平・集団犯罪の理論（昭二八）、田村「集団犯罪について」刑法雑誌四巻一号六三頁以下のほか、安平・前掲書巻末の文献目録参照）。

すなわち、まず、群集犯罪は、刑法の外の社会心理の問題と緊密に関係し、その緊密の度合いは一般の犯罪の比ではないので、犯罪心理学・社会心理学の面からの考察は、欠くことのできない重要な事柄であり、騒擾罪の規定の解釈・適用についても、その群集犯罪としての騒擾罪の特質が考慮せられなければならないであろう。この点については、まず群集犯罪の問題と密接不可分の関係にある「群集心理」の研究が、社会心理学の歴史の出発点となつている事実、すなわち、ル・ボン、タルド、シゲーレなどの群集心理の研究（Le Bon, Psychologie des foules, 1895, 16e éd. 1911; Tarde, L'opinion et la foule, 1901, 4e éd. 1922; Sighele, La foule criminelle, 1901, Original italian ed. 1891）、およびその後継者たちによつて現代の社会心理学は築き上げられたのだということも注目に値しようが（清水幾太郎・社会心理学（昭二六）二頁以下参照）、それはともかく、群集犯罪の問題は、安平博士の言われるように、大別して二種のものに分れるということもできよう（安平・前掲書三六頁）。

すなわち、その第一は、群集犯罪の本質及び性状（Wie）に関するものであり、第二は、群集犯罪の責任は何人（Wer）がこれを負担するかの問題である。このうち第二の問題は、次節において論ずることとし、ここでは第一の問題の解明に役立つように、群集犯罪の基礎をなす「群集」(Masse, crowd, foule) の概念とその特質を明白にしておきたい。

(二)　群集は、まず社会的集団の一つとして、多数の人間すなわち「多衆」(Menschenmenge) から成る。そして、その多数の程度については、後に述べるように、ドイツでは一応、学説が分れているが (Vgl. Hippel, VDB, 2. Bd. S. 6 f.; Heilborn, Der Landfriedensbruch nach dem Reichsstrafgesetzbuch, ZStW. 18. Bd. 1898, S. 161 ff., insb. S. 182 ff.)、今日わが刑法の騒擾罪の規定の解釈としては、一地方の静謐を害するに足る暴行脅迫をなすに適当な多数人を意味することに、学説・判例が一致しているといつてよい (判例としては、後出【5】、学説としては、木村「新刑法読本」全訂増補版一一九頁、小野・刑法概論増訂新版二三一頁、団藤・刑法各論一〇五頁、植松・刑法概論四四二頁、草野・刑法要論二〇二頁、斎藤・刑法各論(昭三一)八一頁、江家・刑法各論(昭三一)八二頁、泉二・日本刑法論下巻四二版一二一頁、安平・前掲書一七七頁、福田・刑法各論七〇頁、宮内・新訂刑法各論講義二〇七頁、柏木・刑法各論(上)一六八頁、滝川(春)「騒擾罪」法律のひろば八巻一一号一四頁、なお、宮本・刑法大綱四二四頁も同旨と解してよいであろう)。

だが単なる多衆は群集ではない。多衆が群集たるには、第二に、その多衆の間に心理的なつながりの存在することを必要とする。そして、かかる心理的なつながりを群集の中心的要素と考えたのは、ル・ボンであり、彼はこれを特に「心理的群集」(foule psychologique) と称したのであるが (Le Bon, Psychologie des foules, 16e éd., 1911, p. 12)、ル・ボンは、「心理的群集」によつて示される最も顕著な事実は、群集を構成する個人が何であれ、彼らが群集化せられるという事実だけで彼らに一種の群集心が付与せられ、この群集心が、彼らの各々が単独である場合に感じたり考えたり行為したりする仕方と全然異なる仕方で、彼らをして感ぜしめ考えしめ且つ行為せしめるのだという (Le Bon, ibid. p.15; Vgl. Nagler, Das Verbrechen der Menge, Gerichtssaal, Bd. 95, 1927, S. 159, 190; Kipouridy, Das Verbrechen der Masse, 1928, S. 4 f., 16 f.; Martin, The behavior of crowds, 1920, pp. 14 f.)。そして、この個人の変化は、第一に、群集の中にあつては理性的なものが後退して情緒的なものが支配的となり、第二には、思考作用が低下して、もっぱら暗示、模倣、感情移入等によって行動するという形態を採るが（木村・前掲・基礎理論一四八頁、安平・前掲書四二頁以下、七二頁以下、寺田・犯罪心理学（大一五）三四一頁以下、とくに三四五頁以下、Le Bon, ibid. p. 23 et s.; Nagler,ibid. S. 159 f., 165, 188 ff. 等参照）、ともあれ群集心の特質は、組織的団体の団体意思と異なり、意思的要素を欠如した単なる感情的状態たるにとどまることにある。だが、このような見地からは、多衆の「聚合」（Zusammenrottung）という要素は、必ずしも群集の要素ではないということにもなろう（Le Bon, ibid. p. 12; Vgl. Nagler, ibid. S. 213 ff. なお、清水幾太郎教授の言われる「新しい群集」の観念もこれに近いということができよう。清水・前掲書一三七頁以下参照）、しかし、それでは、「群集」と「公衆」(public) との区別が不可能となる。公衆とは、たとえば新聞の読者のように、地域的に離れて存在する多衆であるが、同一新聞の読者として精神的なつながりをもつ者の集団である（K. Young, Handbook of social psychology, rev. ed. 1957, p. 286; Sorokin, Society, culture and personality, 1947, p. 92）。そして、かかる「公衆」と「群集」の区別を強調したのはタルドであるが（Tarde, L'opinion et la foule, 4e éd. 1922, p. 1 et s.）、わたくしも、この区別は重要であると考える（ただし、現代における群集心理のもつ新しい問題は、かつてタルドによって群集と区別された公衆が、その心理的状況や行動傾向において群集化して来ている点にあるのだということ、すなわち彼らは空間的には凝集してはいないが、いわゆるマス・コミの発達によって、今や国民的規模において盲動性や被暗示性をもつに至っているのであって、彼らは宣伝やデマによって容易に一方向に動員されてしまうのだということにも注意しなければならないであろう。清水・前掲書一三七頁以下、二〇九頁以下、K. Young, ibid. pp. 301 ff. 参照）。したがって、第三に、群集は、聚合したる多衆である。刑法が騒擾罪の要件として、多衆の聚合ということを規定しているのは、正に群集犯罪としての騒擾罪の性質を明白ならしめたものだというべきであろう（木村・前掲基礎理論一四三頁。Vgl. Kipouridy, ibid. S. 24 mit Anm. 2.）。

ところで、「聚合」ということは、その当然の条件として、地域的接近を意味する。そして、この点に関するかぎりでは、いわゆる五・一五事件についての、次のような第二審の判断を、必ずしも不当とすることはできないであろう。

【1】（第二審判旨）「検事ハ判示第一ノ犯行ハ多衆カ数組ニ分レ而モ隠秘ノ間ニ行ハレタルモノナルカ故ニ地方ノ静謐ヲ害スルコトナク従テ騒擾罪ヲ構成セサル旨主張スルヲ以テ案スルニ騒擾罪ノ成立ニハ多衆ノ聚合ヲ要件トスルモ必スシモ多衆ノ場所的密接ヲ要件トセス多少ノ隔離アルモ公安ヲ害スヘキ危険アルトキハ騒擾罪ノ成立ヲ妨ケサルモノト解スルヲ相当トス本件犯行ハ多衆カ数組ニ分レ多少場所的ニ隔離シテ行ハレタルコトハ前記ノ如クナルモ今日ノ如ク交通通信機関ノ完備セル帝都ニ於テハ本件ノ如キ重大ナル事件ハ右ノ如ク数組ニ分レテ行ハレタリトスルモ帝都ノ公安ヲ害スルノ危険アルモノト認ムヘク又騒擾罪ノ成立ニハ暴動ノ公然性ヲ要件トセス而シテ隠秘ノ間ニ行ハレタルノ故ヲ以テ公安ヲ害スルノ危険ナキモノト認ムルコトヲ得サルカ故ニ右主張ハ之ヲ採用スルヲ得ス」（大判刑集一四・一二九〇所収。事案の内容については、後出【26】参照）。

ともあれ、多衆の「聚合」ということについても、刑法の騒擾罪の規定の解釈としては単に物理的にではなく、やはり規定の目的に照らし、目的論的・規範的に解釈せられなければならないが、しかし、後に述べるように、群集犯罪としての騒擾罪に刑法総則の共犯規定の適用を考える場合、その多衆の「聚合」という要素は極めて重要である。

次に、群集の特質として、普通、組織がないということが挙げられる。ここに組織というのは、集団の構成員に対して、集団という全一体における地位と職分とを指定する規範の存在を意味するが（木村・前掲書一四四頁。なお、ソローキンも、組織された集団の中心的特質は、それにおける法規範の存在であるとし、法規範の諸特性を詳細に分析している。Sorokin, ibid. pp. 70 ff.）、群集にはかかる意味での組織が欠けている。そして、その点において、群集は、一方、「公衆」と共通的性質を有するが、他方、組織的集団たる団体や法人などと区別される（Sorokin, ibid. p. 92; Nagler, ibid. S. 158, 193, 207 f.; Vgl. Kipouridy, ibid. S. 5 f.）。だが、そのことは、群集が組織せられて団体となることを否定するものでもなければ、また、その逆の可能性を否定するものでもない(Nagler, ibid. S. 193, 207; Sorokin, ibid. p. 92)。

次の判例【2】は、群集犯罪としての騒擾罪に関する刑事学的考察と、騒擾罪の規定の解釈との関係を考える上に、一つの重要な資料となるであろう。

【2】（事実）昭和二三年一月二五日午後六時頃、被告人池田方において被告人原田、森岡、池田らは、岩野派の襲撃をむかえるよりは、むしろ配下の者を連合して相手方の機先を制し、黒川医院を不意に襲撃して頭領株の岩野および古賀を殺害し、その他の一味の者を傷害すべきことを協議し、被告人吉原、力久、木下、米山、田村、中尾、田中および残余の被告人らその他の配下の者二十数名と共謀の上、各自、竹やり、手工用小刀、庖丁あるいは拳銃などを携え、または素手で同夜七時半頃黒川医院の邸内に侵入、うち十四五名は土足のまま屋内に乱入して古賀登に対し殺意をもつて暴行を加えたが、その右側胸部、右側腰部、臀部などに治療約三週間の各刺創を与えたにとどまり殺害の目的を遂げず、また、岩野暢を拳銃で狙撃したが、操法未熟のために不発に終つて殺害の目的を遂げず、その他岩野甚太、河野重臣、中西明に傷害を与え、もつて騒擾をなした。

（上告理由）「抑々刑法第一〇六条に所謂騒擾とは、其本来の姿は互に意思の連絡の無い不特定多数人即ち多衆を糾合して其群集心理を利用して暴行脅迫を行わしむる行為を意味し、騒擾罪はかくの如き行為が勢の赴く所思わざる治安の攪乱を生ぜしむる危険を孕むが故に、特に之を厳罰に処する意味に於て設けられたものである。従つて只単に特定の殺人暴行行為を多数人が共同して行つたと言う丈で之を騒擾と言うべきではない。之が騒擾たるには行為者が不特定人を含む多衆であるか、少く共多衆となるの危険性を孕む場合であつて、且つ夫れが群集の暴動に発展し社会の治安を動揺せしむる危険を持つ場合でなければならない。」

「本件に於ては、多数の加害者が集合し竹やり小刀拳銃等を手に手に持つて表戸を押開けガラス窓を破り土足のまま『侵入』『殺到』した点で其勢に於ては騒擾たることを得る程度のものであると言うを得るが、夫れは黒川医院と言う限られたる一邸宅内に限られ、目指す相手をやつつけた後直ちに約十五分間位で引上げ、隣人其他が之を知り鎮撫警戒にかけつけた時には既に引上げていて、之によつて社会の治安に不安動揺を生ぜしめたと言う如き事実は無いのであるから、単なる大掛りな殺人傷害行為に過ぎないもので所謂騒擾と言うべきものではない。」

「本件に於ても仮に相手の側に被告人等が錯覚していた如く、数十人の子分加勢人が集つていて之等が被告人側の一団と相対峙し、互に気勢を張つて警官、消防隊等の鎮撫も聞入れず、勢余つて衝突に突入して乱闘となつた如き場合であつたならば、或は之を一種の騒擾と言い得るかも知れない。」

「然るに本件は、事態がそこ迄発展する以前に被告人の側で機先を制し、相手方首脳者の不意を襲い之を倒すことによつて騒擾の発生を未然に防止したものであつて、騒擾夫れ自体ではない。」

（判旨）「刑法一〇六条は、多衆聚合して暴行又は脅迫をしたときは、その行為自体に当然地方の静謐又は公共の平和を害する危険性を包蔵するものと認めたが故に騒擾の罪として処罰するものであるから、同罪の成立には、右のごとき暴行脅迫の外更らに所論のごとく、群集の暴動に発展し社会の治安を動揺せしむる危険又は、社会の治安に不安動揺を生ぜしめた事実を必要とするものではない。そして、原判決摘示事実（第一審判決引用）によれば、判示の三〇名余の者が共謀の上（刑法一〇六条にいわゆる多衆は、本来互に意思連絡のない不特定多数人であることを必要とするものでないことはいうまでもない）、判示場所において判示殺傷行為（その動機目的が所論のごとく特定の個人の殺傷にあり、又その殺傷行為が特定の一個人に対するものであつても騒擾罪の成立に影響を及ぼすものでないことも多言を要しない）をしたものであるから、本件被告人等の所為が騒擾罪にあたること明らかである。所論は、それ故に理由がない」（最判昭二八・五・二一刑集七・五・一〇五五、〔研究〕秋山・法学セミナー六九号三二頁、高田（義）・警察研究二六巻四号六二頁、後出【45】と同一判例）。

この判例において、上告理由は、群集犯罪としての騒擾罪に関する刑事学的考察を根拠とするものと言えようが、しかし、騒擾罪の規定の解釈としては、判旨の方が妥当である。もちろん群集犯罪としての騒擾罪に関する刑事学的認識は欠くことができないが、しかし、騒擾罪の規定の解釈におけるその無批判な導入は、厳に戒めなければならないであろう。

二　騒擾に参加した個人の刑事責任

（一）　騒擾罪のような群集犯罪については、その群集を構成し、群集による暴力行為に参加した個人の刑事責任をいかに規定するかが問題であり、それは、すでに述べたように、群集心理の影響を受けて行われる特殊の犯罪であるところから、刑事責任の免除または軽減が主張され（前掲、木村・基礎理論一五三頁以下、前掲、安平・理論四六頁以下、八二頁以下、前掲、田村・刑法雑誌四巻一号七三頁以下、Kipouridy, ibid. S. 37 ff.; Nagler, ibid. S. 166 ff., 200 ff.; Sauer, System des Strafrechts, Bes. Teil, 1954, S. 461 f., 482 f. 参照）、また、反対に、それが社会秩序に対する重大な侵害をもたらすという被害の面から刑事責任の加重が主張される（草野・刑事法学の諸問題（昭二六）一八九頁以下、Maurach, Deutsches Strafrecht, Bes. Teil, 3. Aufl. 1959, S. 563 f.; Hippel, VDB, 2. Bd. 1906, S. 25 f. なお、安平・前掲書五五頁以下、九一頁、Nagler, ibid. S. 177 ff., 204 ff., insb. S. 204 Anm. 2, S. 206; Kipouridy, ibid. S. 59 ff. 参照）。ともあれ、刑法は群集犯罪の特殊性を考慮し、騒擾罪の主体を群集心理の見地から首魁と指揮率先助勢者と附和随行者とに分けて、その刑を個別化している。すなわち、騒擾罪の刑は、群集心理に支配せられた附和随行者については、特に軽くして五〇円以下の罰金とし、群集心理を利用したところの首魁については一年以上十年以下の懲役又は禁錮とし、指揮・率先助勢者については六月以上七年以下の懲役又は禁錮としている（一〇六条）。そこで、第三章において詳しく述べるように、その首魁、指揮・率先助勢者、および附和随行者の意義が問題となるのである。ここでは、ただ、わが刑法一〇六条一号にいう「首魁」は、ドイツ刑法にいう "Rädelsführer" とは性質を異にし(ドイツ刑法の Rädelsführer は、むしろわが刑法一〇六条一号の指揮者に近い。Vgl. Schönke-Schröder, StGB. 9. Aufl. 1959, S. 543, 563 f.; Maurach, ibid. S. 566; Frank, StGB. 11.–14. Aufl. 1914, S. 234–§ 115 Anm. IV, 1; Hippel, VDB, Bd. 2, S. 9 f.; Hippel, Lehrbuch des Strafrechts, 1932, S. 356 Anm. 1; Meyer-Allfeld, Lehrbuch des deutschen Strafrechts, 8. Aufl. 1922, S. 498 Anm. 9; Welzel, Das deutsche Strafrecht, 7. Aufl. 1960, S. 433; Kohlrausch-Lange, StGB. 42. Aufl. 1959, S. 332; Niethammer, Lehrbuch des besonderen Teils des Strafrechts, 1950, S. 25; Heilborn, Der Landfriedensbruch nach dem Reichsstrafgesetzbuch, ZStW. 18. Bd. 1898, S. 211 f.)、旧刑法一三七条にいわゆる「教唆者」の要素をも含んだものと解さなければならないこと、また、そう解することによつて始めて、首魁は「自ラ多衆中ニ在リテ之ヲ統率シ其暴行脅迫ヲ指揮監督スルコトヲ要セス」とした判例(後出【42】)の解釈も正当化せられるのだということを指摘するにとどめておきたい。その意味で、次の判例は重要である。

【3】「被告人清一郎弁護人松下栄上告趣意書第一点ハ本件ニ於テ原院ハ塚田清一郎ヲ首魁者ト認メ重刑ヲ科シタリ右被告人塚田ハ果シテ首魁者トシテ目スヘキモノナルヤ疑ナキ能ハス元来首魁者タルノ要件ハ刑法別ニ定ムル処アラスト雖旧刑法ニ於テハ首魁及教唆者ハ共ニ重刑ヲ科シタリ而シテ現刑法ハ唯リ首魁者ノミヲ掲ケ教唆者ナルモノヲ除外シタル処ヨリ見ルモ首魁者ハ勿論本罪ニ於ケル主要ノ地位ニアリタルノ外当然教唆者タルモノナリ即チ他ノ共犯者ヲシテ犯意ヲ造出セシメタルモノナル事ヲ要スト見タルカ為ナルヘシ故ニ本件ニ於ケル被告清一郎ハ首魁者タルニハ他ノ共犯者ヲ威圧シ唯命之ニ従ハシムル関係ニ置キタルカ又ハ各別ニ犯罪ノ事ニ従フヘク教唆ヲ為シ之ニ因テ多数カ犯罪決行ノ意ヲ生シタルコトヲ要スルモノト信ス然ルニ本件発生ノ動機タルヤ小作争議ニ端ヲ発シ頑迷ナル地主等ハ小作人ニ対シ其ノ要求ニ応セサルノミナラス進ンテ裁判上訴訟ヲ提起シ且仮処分ノ申請ニ出ル等或ハ小作人等カ窮余之カ対策ヲ講スルヤ地主近藤正次等ハ或ル小作人ノ住宅敷地ノ周囲ノ土壌ヲ掘リ以テ交通ヲ妨ケ又ハ耕作田ヲ掻キ廻シテ其ノ収穫ヲ不能ナラシムル等ノ手段ニ出テタリ茲ニ於テカ小作人等亦一段ノ憤怒ヲ加フルニ至リ終ニ常軌ヲ逸スルニ至リタルハ

本件記録ニ依ツテ明ナリ故ニ本件被告等ノ行動ハ敢テ塚田清一郎等ノ指揮命令スル迄モナク其ノ爆発ハ免レ難キモノ換言スレハ本件多数ノ被告等ハ既ニ其ノ実行ノ意ヲ有シタルモノニシテ期セスシテ此ノ犯罪行為ニ一致シタルモノ所謂共同的犯行ニ過キスシテ被告人塚田ヲ以テ首魁者ナリト断スヘキ理由ナキナリ然ルニ原院ハ塚田ヲ首魁者ナリトシ騒擾ヲ誘発セントシ又ハ首謀劃策シ云々ト抽象的ニ説明スルモ何故ニ塚田ハ首魁者タリ得ルノ理由殆ント捕捉シ難シト云フニ在レトモ騒擾罪ノ首魁トハ主動者トナリ多衆ヲシテ其ノ合同力ニヨリ騒擾行為ヲ為サシムル者ヲ謂フモノニシテ所論ノ如ク必スシモ他ノ共犯者ヲ威圧シ唯命之ニ従ハシムル関係ニ置キタルカ若ハ各別ニ犯罪ノ事ニ従フヘク教唆シタルモノナルコトヲ要スルモノニ非ス」（大判昭七・九・一二刑集一一・一三一三）。

（二）　右の判例の判旨はもとより妥当であるが、わたくしとしては、右の判例において、上告趣意が、旧刑法一三七条の「兇徒多衆ヲ嘯聚シテ官庁ニ喧閙シ官吏ニ強逼シ又ハ村市ヲ騒擾シ其他暴動ヲ為シタル者首魁及ヒ教唆者ハ重懲役ニ処ス」という規定との比較から、現行刑法の首魁者は、「本罪ニ於ケル主要ノ地位ニアリタル」者であるが、その外に旧刑法にいわゆる教唆者たるものでもあるとしている点に注目したいと思う。そして、すでに述べたように、現行刑法の首魁は、旧刑法一三七条の「首魁及ヒ教唆者」の両者を含んだものと解すべきだと考えるのである（後出【4】の判例も、このことを認めているといえよう。なお、準備草案一八九条は、現行法の「首魁」を、「主謀者」と用語を変えたが、その意味は異ならないとされている。改正刑法準備草案理由書二一五頁参照）。

三　騒擾罪と共犯理論

（一）　騒擾罪と共犯理論の問題は、普通、まず、騒擾罪に関して刑法総則の共犯規定は適用せられるべきか、という形で論議せられているといってよいであろう。この問題については、後に（三の四で）やや詳しく論ずることにしたいが、学説の多くは共犯規定の適用を認めている（牧野・各論上巻八二頁、木村・各論一八五頁、泉二・日本刑法論下巻一二四頁、宮本・大綱四二六頁、草野・要論二〇四頁、安平・理論一八四頁、伊達・刑事法講座七巻一四四一頁、柏木・各論(上)二〇頁、三五頁以下、斎藤・各論八三頁、江家・各論八五頁、平場—森下・各論（全訂版）四三頁以下、宮内・新訂各論講義二一一頁。ドイツでも、共犯規定の適用を認めるのが通説・判例である。BGHSt. 2. Bd. S. 279; Schönke-Schröder, StGB. 9. Aufl. S. 563; Maurach, Bes. Teil, 3 Aufl. S. 566; Welzel, Das deutsche Strafrecht, 7. Aufl. S. 433; Kohlrausch-Lange, StGB. 42. Aufl. S. 343; Werner, Leipziger Kommentar, 1. Bd. 8. Aufl. S. 744.）。

それに対して、たとえば団藤教授は、刑法「一〇六条各号は処罰の区分であつて構成要件の規定ではないとみるべきであるから、各号の行為についての共犯ということはありえない」とせられ「総則の共犯の規定はここには適用の余地がないので」、「たとえば、内乱罪のばあいとちがつて、謀議参与者は各号中に列挙されていないが、これは、首魁・指揮者といえるばあいのほか、処罰しない趣旨と解しなければならない」とされ（各論一〇九頁、同旨、小野・新訂各論六九頁、滝川・各論二一五頁、福田・各論七〇頁、香川・演習講座刑法（各論）一五八頁）、次の判例を引用して、判例も明白にこれを認めているとされる（団藤・各論一一〇頁註四）。

【4】「騒擾罪ノ主体タルヘキ者ハ刑法第百六条ニ限定シアリテ（一）首魁（二）他人ヲ指揮シ又ハ他人ニ率先シテ勢ヲ助ケタル者（三）附和随行シタル者ナラサルヘカラス故ニ首魁ニアラサルヨリハ騒擾ノ謀議ニ参与スルモ前示二三ノ行為ヲ為ササル以上ハ之ヲ騒擾罪ニ問擬スルコトヲ得ス今原判決事実認定ノ部ヲ査スルニ『前略同年二月五日ノ夜区長タル被告清三郎区長代理者タル又三郎秣場委員タル被告太吉春吉ハ其他ノ秣場委員及区会議員等ト池新田村役場ニ会合シ翌六日ハ新野村西部住民ヨリ新野村長ニ対スル前掲入会権確認訴訟事件ニ付掛川区裁判所判事ノ係争原野臨検期日ナレハ柴粗朶ヲ刈取リ以テ権利実行ノ状況ヲ示スヲ得策ナリト決議シ其決議ニ基キ六日午前十時過被告又三郎、太吉、春吉其他ノ秣場委員及区会議員等ハ池新田区民二十余名ヲ率ヒ新野村字坂田ノ原野ニ立入リ柴粗朶ノ採取ヲ為シタル所新野村西部住民百数十名ハ被

告茂八等ノ為シタル前掲決議ニ基キ現場ニ駈付ケ柴粗朶ノ採取ヲ拒ミタルモ池新田区民ハ権利ノ実行ナリト称シテ之ニ応セサリシニ多数ノ新野村民ハ坂田原野ノ出口ニ立塞リ池新田区民ノ通行ヲ許ササルヨリ被告人太三郎、太吉、春吉ハ同区民ヲ代表シテ新野村役場ニ到リ被告茂八ニ対シ交渉ヲ為シタルニ茂八ハ又三郎等ニ対シ自己ハ目下民事訴訟ノ被告タル地位ニ在ルヲ以テ村民ハ自己ノ説諭ニ応セサルヘキモ若シ採取ノ柴粗朶ヲ自己ニ預ケ置クニ於テハ通行シ得ル様計フヘキ旨答ヘタルヨリ被告又三郎太吉春吉ハ同役場ヲ立出テ池新田区民ニ商リタルモ同区民ハ之ヲ肯セスシテ各自採取ノ柴粗朶ヲ携帯シテ引揚ケントスルヤ多数ノ新野村民ハ之ヲ拒ミ口口ニ突込殴打セヨ等ノ暴言ヲ吐キ池新田区民ノ携帯セル柴粗朶ヲ奪取セントセルヨリ同区民ハ極力之ニ抵抗シ現場ニ在リタル警察官ノ説諭モ其効ナク騒擾ヲ惹起シタル末衆寡敵セス柴粗朶ハ全部新野村民ニ奪取セラレ尚池新田区民中落合伊三郎赤堀粂吉植田庄平ハ新野村民ニ殴打セラレテ負傷スルニ至リ空シク同所ヲ引揚ケタリ後略』トアリテ右判示事実ニ依レハ被告清三郎ハ二月六日ノ騒擾事件ニ関シテハ其前夜池新田村役場ニ会合シ翌六日ハ新野村西部住民対新野村長入会権確認訴訟事件ニ付掛川区裁判所判事ノ係争原野ニ臨検期日ナルヲ以テ此際同原野ニ立入リ柴粗朶ヲ刈取リ権利実行ノ状況ヲ示スヘキコトヲ決議シタルマテニシテ同決議ハ権利実行ノ状況ヲ示スニ当リ騒擾ヲ惹起スヘキコトヲ予期シタルモノト認ムルニ足ラサルノミナラス仮ニ同決議ヲ実行スルニハ必スヤ騒擾ノ伴フヘキコトヲ予期シタリトスルモ被告清三郎ハ自ラ騒擾ノ実行ニ干与セサルコト明ナルヲ以テ二月六日ノ騒擾ニ付テハ被告清三郎ニ対シ其責任ヲ負ハシムルコトヲ得ス然ルニ原院ハ被告清三郎モ亦同騒擾ニ付責任アルモノト誤解シタル結果明治四十三年二月六日ヨリ翌七日ニ亘リ各継続シタル犯意ヲ以テ騒擾ヲ為シタルモノト認示シ従テ法律ノ適用ニ於テモ被告清三郎ハ二月六日及七日ノ両日騒擾ヲ為スニ当リ他人ニ率先シテ勢ヲ助ケタルモノト為シ刑法第百六条第二号同第五十五条ヲ適用シタルハ擬律ノ錯誤ニシテ第一点及第二点ノ論旨ハ結局其理由アルニ帰ス」（大判明四四・九・二五刑録一七・一五五二）。

泉二博士（前掲書一二四頁）も指摘せられるように、右の判例は「被告ヲ以テ騒擾ノ謀議ニ参与シタル者ナリトシ只実行ニ干与セサルカ故ニ無罪ナリトスルノ趣旨ナルカノ如ク解セラルル嫌」がある。しかし、右にやや詳細に引用した事実関係を見ると、「被告ハ権利ノ実行ヲ決議シタルニ過キサルヲ以テ騒擾ノ謀議ニ参与シタリト解ス可キモノニ非サルナリ」（同旨、前掲、伊達・一四四二頁註三、柏木・前掲書一七三頁）と言わざるを得ない。が、それはそれとして、泉二博士は、この判例について、「若シ夫レ騒擾ノ謀議ニ参与シタル事実アリトスル以上ハ或ハ之ヲ首魁ナリトシ或ハ此等ノ者ニ対スル従犯ナリト解ス可キモノニシテ無罪ト為ス可キモノニアラス然ラスンハ大審院カ従来ノ判例ニ於テ犯罪ノ実行ニ付通謀ヲ為シタル者ハ自ラ実行ニ干与セサルモ他ノ実行者ヲ介シテ自己ノ意思ヲ実行スル共同正犯ナリト為スノ主義ニ矛盾ス可シ」と批判しておられる（前掲書一二四頁、なお、柏木・前掲書一七三頁参照）。

なお、その後の判例には、前出【1】の五・一五事件において、第二審の東京控訴院が、「被告人大川周明同頭山秀三同本間憲一郎ノ判示所為中古賀清志及中村義雄ノ騒擾行為ヲ幇助シタル点」につき刑法一〇六条二号、六二条一項を適用しているほか、共犯例を適用した、あるいは少なくとも共犯例の適用あるべきことを前提としていると見られる判例の存在することに注意しなければならないであろう（大判大八・五・一七刑録二五・六四七＝後出【44】、同昭和二・一二・八刑集六・四八八＝後出【56】。なお、この二判例につき、伊達・前掲一四四二頁註三参照）。

（二）　右の泉二博士の批判にも言われているように、「騒擾罪と共犯理論」の問題については、とくに判例の共犯理論ともいうべき共犯共同意思主体説の問題を採り上げて論ずる必要があるであろう。

しかし、現在、判例が共同意思主体説を基礎としていることの論証、および共同意思主体説による共犯判例法の素描としては、この判例研究叢書の刑法(2)に、斎藤教授の御研究もあること故、ここでは次のような鴨教授の御指摘を紹介するにとどめておきたい（鴨「騒擾罪の問題点」ジュリスト一六五号一八頁）。

まず、共同意思主体説は、共犯を解して、特殊の社会的心理現象たる共同意思主体の活動である、とする学説である（斎藤・総合判例研究叢書刑法(2)三頁）。すなわち、刑法上共犯規定の存在を必要とする所以は、二人以上の者が共同目的に向つて合一するところに、個人心理を離れた特殊の団体心理を生じ、よつて個人意思では企図しえないようなことも敢て行なうものであるからである、とする（草野・刑法改正上の重要問題二六二頁）。このように、共同意思主体説の立場からは、共犯を一律的に群集心理ないし団体心理から説明する結果、共犯と群集犯罪との差異が認められないこととなり、騒擾罪のような群集犯罪と共犯との間に質的な差異が認められないことになる（この点につき同説、下村「騒擾罪の故意」法律のひろば一四巻二号二二頁）。

そこで、「騒擾罪についても共同謀議の関係が認められる限り、謀議に参加した者は騒擾罪の適用を受けることとなる。現実の訴訟で、騒擾罪について共同謀議が主たる争点となり、立証手続の中心が、共同謀議の存否に向けられる傾向が見受けられるが、かような傾向は、共犯理論における共同意思主体説の、騒擾罪の取扱いに対する不当な影響ということができよう」と（鴨・前掲一八頁）。すなわち、それは、「群集犯罪の特質を無視するばかりでなく、犯罪の立証を無用に著しく困難ならしめるものである」といわれるのであるが（鴨「集団犯罪について」刑法改正に関する意見書集（昭三三）二一一頁）、また、群集犯罪について、「共犯におけるような意思の連絡と行為の共同関係を必要とするかははなはだ疑問である」ともせられている（前掲、意見書集二一一頁）。

鴨教授の右のような見解は、恐らく平事件の第一審の裁判を念頭に置かれてのものであつたろうと思われるが、この点については、平事件に関する次の最高裁判所判例がある（なお、この点については、後述二の三参照）。

【5】 (1) （判旨）「原判決が、騒擾罪の成立要件として判示した『騒擾罪は、多衆が集合して暴行又は脅迫をなすによつて成立するが、その暴行又は脅迫は、集合した多衆の共同意思に出たものであり、いわば、集団そのものの暴行又は脅迫と認められる場合であることを要し、その多衆であるためには一地方における公共の平和、静謐を害するに足る暴行、脅迫をなすに適当な多人数であることを要する』旨の見解、並びに、右の共同意思に関して判示した『騒擾罪は、群集による集団犯罪であるから、その暴行又は脅迫は集合した多衆の共同意思に出たもの、いわば集団そのものの暴行又は脅迫と認められる場合であることを要するが、その多衆のすべての者が現実に暴行脅迫を行うことは必要でなく、群衆の集団として暴行脅迫を加えるという認識のあることが必要なのである。この共同意思は、多衆の合同力を恃んで自ら暴行又は脅迫をなす意思ないしは多衆をしてこれをなさしめる意思と、かかる暴行又は脅迫に同意を表し、その合同力に加わる意思とに分たれ、集合した多衆が前者の意思を有する者と後者の意思を有する者とで構成されているときは、その多衆の共同意思があるものとなるのである。共同意思は、共謀ないし通謀と同意義でなく、すなわち、多衆全部間における意思の連絡ないし相互認識の交換までは必ずしもこれを必要とするものではない。事前の謀議、計画、一定の目的があることは必要でないし、また、当初からこの共同意思のあることは必要でなく、平穏に合法的に集合した群集が、中途から、かかる共同意思を生じた場合においても本罪の成立を妨げない』旨の見解については、当裁判所は、いずれも、これを正当として是認する」（最判昭三五・一二・八刑集一四・一三・一八二六、後出【31】と同一判例）。

右の判旨とやや重複する嫌はあるが、そのもつ意義を明らかにするものとして、右の判例の上告趣意から次に引用しておこう。

(2)（上告理由）　一原判決は、騒擾罪成立の要件を次のように説明する。（第二、その一）『騒擾罪は多衆が集合して暴行又は脅迫をなすによつて成立するが、その暴行又は脅迫は、集合した多衆の共同意思に出たものであり、いわば、集団そのものの暴行又は脅迫と認められる場合であることを要し、その多衆であるためには一地方における公共の平和、静謐を害するに足る暴行脅迫をなすに適当な多数人であることを要し、その暴行又は脅迫の程度においても、一地方における公共の平和、静謐を害する危険性を帯びるに至る程度のものであることを要すると解する』。原判決の見解は、右の限度で、第一審判決の判示と全く同様であり、従来の判例、学説における一般的傾向を要約したものということができる。ところで原判決は、第一審判決を『共同の意思を以て共謀ないし相互共通の意思と理解しているやの疑がなくはない』と非難しながら、進んで、暴行脅迫が集合した多衆の共同意思に出たものということができるばあいの『共同意思』を次のように説明する。『騒擾罪は群衆による集団犯罪であるから、その暴行又は脅迫は集合した多衆の共同意思に出たもの、いわば集団そのものの暴行又は脅迫と認められる場合であることを要するが、その多衆のすべての者が現実に暴行脅迫を行うことは必要でなく、群衆の集団として暴行脅迫を加えるという認識のあることが必要なのである。この共同意思は、多衆の合同力を恃んで自ら暴行又は脅迫をなす意思ないしは多衆をしてこれをなさしめる意思と、かかる暴行又は脅迫に同意を表し、その合同力に加わる意思とに分たれ、集合した多衆が前者の意思を有する者と後者の意思を有する者とで構成されているときは、その多衆の共同意思があるものとなるのである。共同意思は共謀ないし通謀と同意義でなく、即ち多衆全部間における意思の連絡ないし相互認識の交換までは必ずしもこれを必要とするものではない。事前の謀議、計画、一定の目的があることは必要でないし、また当初から、この共同意思のあることは必要でなく、平穏に合法的に集合した群集が、中途からかかる共同意思を生じた場合においても本罪の成立を妨げない。そして、共同の意思といつても認識があればよく、確定的共同意思でなくとも未必的共同意思があれば足るのである。』この判示のうち、群衆相互の間に共通の一定の意思が存在することは必要でなく（大判、大正二年一〇月三日刑録一九輯九一〇頁）、騒擾行為に至る動機の如何は問わず（大判、明治四三年一〇月二〇日刑録一六輯一七〇九頁）、共同の目的の有無も犯罪の成立に影響なく（大判、明治四五年六月四日刑録一八輯八一五頁）、また共同意思は多衆集合の当初から存在すると後に発生するとを問わない（大判、明治四三年四月一九日刑録一六輯六五七頁）と説く部分は、すでに従来の判例によつて明らかとされ、学説の多くも支持しているところであつて、ことさら新らしさを感ずるものではない。しかし、騒擾罪を成立させる共同意思は、多集の合同力を恃んで自ら暴行又は脅迫をなす意思ないし多衆をして、これをなさしめる意思とかかる暴行又は脅迫に同意を表しその合同力に加わる意思とによつて構成されているとなす部分（大場茂馬、騒擾罪を論ず、法学大家論文集所収参照）、および未必的共同意思があれば足るとなす部分とは、特異の議論として十分の検討にさらされねばならない」（最判刑集一四・一三・一八三三所収）。

われわれもまた二の三で、これらの諸点を詳しく検討することにしよう。

四　刑事訴訟法上の諸問題

騒擾罪のような群集犯罪については、刑事訴訟法上においても多くの問題がある。すなわち、騒擾罪においては、群集そのものが犯罪の主体でありながら、その刑事責任は群集を構成する個人について論ぜられるというその特殊性が騒擾罪を審判する現実の訴訟にも反映し、種々な面で問題を生ずるのであるが（前掲、鴨・ジュリスト一六五号一九頁以下、前掲、安平・理論二六五頁以下、新井裕「群集犯事件の実相の把握」警察学論集一六集一六頁以下、砂田周蔵「群集犯罪と証拠保全の問題について」警察学論集一七集三七頁以下、一九集六四頁以下、本田正義「集団犯罪の公判審理をめぐる諸問題」警察学論集五巻六号等参照）、以下においては、問題を刑法に関するものに限定し、まず、騒擾罪の本質並びにその構成要件の解釈を中心に「騒擾の概念」を明らかにし、次いで、騒擾に参加した個人の刑事責任の問題について考察しながら、騒擾罪と共犯理論の問題を、騒擾罪に総則の共犯規定は適用せられるべきか、という問題として論ずることにしたい。

二　騒擾の概念

一　騒擾罪の本質と騒擾の概念

(一)　騒擾罪と不解散罪　現行刑法典第二編第八章の騒擾の罪は、狭義の騒擾罪と不解散罪とに区別せられるが、まず狭義の騒擾罪については、刑法一〇六条が、次のように規定している。

「多衆聚合シテ暴行又ハ脅迫ヲ為シタル者ハ騒擾ノ罪ト為シ左ノ区別ニ従テ処断ス

一　首魁ハ一年以上十年以下ノ懲役又ハ禁錮ニ処ス

二　他人ヲ指揮シ又ハ他人ニ率先シテ勢ヲ助ケタル者ハ六月以上七年以下ノ懲役又ハ禁錮ニ処ス

三　附和随行シタル者ハ五十円以下ノ罰金ニ処ス」。

また、不解散罪（Auflauf）については、刑法一〇七条が、次のように規定している。

「暴行又ハ脅迫ヲ為ス為メ多衆聚合シ当該公務員ヨリ解散ノ命令ヲ受ケルコト三回以上に及フモ仍ホ解散セサルトキハ首魁ハ三年以下ノ懲役又ハ禁錮ニ処シ其他ノ者ハ五十円以下ノ罰金ニ処ス」。

そして、刑法一〇六条の罪と一〇七条の罪の関係については、次の判例がある。

【6】（上告理由）「刑法第百六条ニ曰ク多衆聚合シテ暴行脅迫ヲ為シタル者ハ騒擾ノ罪ト為シ首魁以下三種ニ分チテ処分スヘキ旨同第百七条ニハ暴行又ハ脅迫ヲ為ス為メ多衆聚合シ当該公務員ヨリ解散ノ命令ヲ受クルコト三回以上ニ及フモ仍ホ解散セサルトキハ首魁及其他ノ者ノ二ニ分チテ夫夫処分スヘキ旨規定セリ

則チ吾刑法上刑法第百六条ノ犯罪アルカ為メニハ（一）先ツ暴行脅迫ヲ為ス為メ多衆聚合シ（二）当該公務員ヨリ解散ノ命令ヲ受クルコト三回以上ニ及フモ仍ホ解散セス（三）進ミテ暴行脅迫ヲ為シタルコトヲ要件トスルコトヲ知ルヘシ然ルニ原判決事実理由ヲ閲スルニ多衆ノ農民カ郡役所前ニ聚合シテ暴行ヲ為シタル事実ヲ認メタルニ止マリ（一）右農民ハ始メ暴行又ハ脅迫ヲ為ス目的ヲ以テ聚合シタルヤ否ヤ（二）当該公務員ヨリ解散ノ命令ヲ受クルコト三回以上ニ及ヒタルヤ否ヤニ付何等審究スル所ナカリシハ即理由不備ノ違法アルモノニシテ此点ニ於テ破毀セラルヘキモノトス」

（判旨）「刑法第百七条ノ罪ハ暴行脅迫ヲ為スノ目的ヲ以テ聚合セル多衆カ当該治安警察吏員ノ解散命令ヲ受クルコト三回以上ニ及ヒテ仍ホ解散セサルコトニ依リテ直ニ成立スヘキモ進テ現ニ暴行脅迫ヲ為シタル場合ニ於テハ右第百七条ノ適用ヲ離レテ同第百六条ノ騒擾罪成立スヘキ関係アルニ止マリ右第百六条ノ罪ハ常ニ必ス第百七条ノ罪ヲ其前提要件トスルモノニアラス則チ第百六条ノ罪ハ多衆衆合セルコト及ヒ暴行脅迫ヲ為スコトニ依リテ成立スヘク而シテ其多衆カ初ヨリ暴行脅迫ノ目的ヲ抱キテ聚合スルコトヲ要セサルヤ論ヲ俟タス故ニ第百六条適用ノ基本トシテ農民多衆聚合及ヒ其暴行脅迫ノ事実ノミヲ認定スルニ止メ所論（一）（二）ノ事実ヲ判示セサリシ原判決ニ些ノ瑕疵アルコトナシ」（大判大四・一一・二 刑録二一・一八三六）。

右の判旨は、もちろん妥当である。ただ一〇七条の不解散罪は、「実質的には騒擾罪の予備罪である」（柏木・各論(上) 一七六頁）ということ、すなわち、「これは騒擾罪成立の一歩手前の段階をとらえて別個の構成要件として規定したものである」（団藤・各論 一一一頁）ということが、必ずしも十分明らかでない。この点は次の判例の方が明瞭である。

【7】「刑法第百六条ハ多衆共同シテ暴行又ハ脅迫ヲ為スニ依リテ成立スルモノトス而シテ治安警察法第十二条ハ集会又ハ運動ノ為メ聚合シタルモノカ各箇独立ノ意思ヲ以テ故ラニ喧擾シ又ハ狂暴ニ渉リタル行為

ヲ為シタル場合ニシテ多衆ト共同シテ之ヲ為スノ意思ヲ欠如シ刑法第百七条ハ初メヨリ共同シテ暴行又ハ脅迫ヲ為ス目的ヲ以テ聚合シタルモノナルモ未タ暴行又ハ脅迫ヲ為ササルニ際リ当該公務員ヨリ解散ノ命令ヲ受クルコト三回以上ニ及フモ尚解散セサル場合ニシテ一ハ暴行アルモ共同ノ意思ナク一ハ共同シテ暴行又ハ脅迫ヲ為スノ意思アルモ其実行ナキ点ニ於テ騒擾罪ト異ナルコト各其明文ニ徴シ明瞭ナリトス」（大判大四・一〇・三〇刑録二一・一七七一＝後出【55】と同一判例）。

因に、治安警察法一二条は、次のように規定していた。

「集会又ハ多衆運動ノ場合ニ於テ故ラニ喧擾シ又ハ狂暴ニ渉ル者アルトキハ警察官ハ之ヲ制止シ其命ニ従ハサルトキハ現場ヨリ退去セシムルコトヲ得」。

ところで、もし、右の判例のいうように、刑法一〇七条の不解散罪は、「共同シテ暴行又ハ脅迫ヲ為スノ意思アルモ其実行ナキ点ニ於テ騒擾罪ト異ナル」に過ぎないものとするならば、更に一歩を進めて、不解散罪の場合にも、多衆聚合の当初から暴行脅迫の意思があつたことは必要ではないので、中途からその意思を生じた場合にも不解散罪が成立する（小野・新訂各論六九頁、同旨、瀧川・各論二一三頁、植松・概論四四六頁、江家・各論八六頁、平場―森下・各論（全訂版）四六頁、宮内・新訂各論講義二二二頁、福田・各論七二頁）と解すべきではあるまいか。

なお、不解散罪に関しては、右に引用した二判例のほかには、見るべき判例に乏しいので、以下においては、狭義の騒擾罪に関する判例を中心として、「騒擾の概念」を明らかにすることにしたい。

（二）　騒擾罪の本質　　騒擾罪の本質に関しては、前出【2】の判例のほか、次のような判例がある。

【8】（事実）「大阪市北区上福島二丁目七百三十二番地小田仙太郎ノ経営ニ係ル大阪府西成郡神津町字小島小田珖瑯製造工場ニ於テハ其ノ製品過剰ノ為大正十二年五月十四日臨時休業ヲ為スヘキ旨ヲ発表シ同月

十九日ニ到リ職工ノ賃金ヲ二三割方低下シ且一部職工ヲ解雇スル旨ヲ宣言シタルヲ以テ予テヨリ日本労働総同盟伸銅組合ニ加入シテ同組合第二十二支部ヲ創立シ居リタル一部ノ職工ハ其ノ非違ヲ難シ之ニ対抗シテ自己ノ利益ヲ擁護セントシ同組合本部ノ応援ヲ得テ職工ノ大部分ヲ同組合ニ加入セシメ翌二十日本部ヲ同町字中一番地白川某方ニ置キ被告三浦某方ニテ協議ノ末従来ノ請負制度ヲ撤廃シテ日給制度ト為スコト賃金ヲ値上スルコト解雇手当制ヲ設クルコト其ノ他待遇改善等七箇条ノ事項ヲ記載シタル要求書（証第三号証）ヲ作成シ之ヲ同工場支配人長谷川某ノ手ヲ経テ工場主ニ提出シ同月二十一日右白川方其ノ他ニ会合シテ互ニ激励演説ヲ為シ其ノ団結ヲ鞏固ニシ要求ノ貫徹ニ勉メ職工中ヨリ交渉委員伝令係訪問係同係長使係会計係書記係等ヲ選定シ（証第五号証）翌二十二日前示白川方ニテ更ニ激励演説ヲ為シ居タル際工場主ヨリ職工等要求ノ大部分ヲ拒絶スル旨ノ回答（証第四号証）アリタルヲ以テ大ニ激昂シ本部ヨリノ来援者及職工等七八十名ハ工場ニ押寄セ支配人長谷川某ニ対シ再考ヲ求メタルモ是亦拒絶セラレタルヨリ遂ニ工場主ニ対シ直接交渉ヲ為サントシ伸銅工組合支部旗ヲ押立テ労働歌ヲ唱ヒ前示小田仙太郎ノ住居ニ向ヒ同家ヲ去ル約一町上ノ天神附近ヨリ『ワッショワッショ』ト掛声シ駈足ニテ仙太郎方ニ殺到シ其ノ邸内ニ闖入シ投石ヲ敢テシ硝子窓植木鉢等ヲ損壊シ騒擾ヲ為シタルモノニシテ其ノ際被告等ハ左ノ犯行ニ及ヒタルモノナリ

第一被告重吉若保清太郎ハ何レモ前示伸銅工組合理事ニシテ同本部ヨリノ応援者被告次郎ハ小田琺瑯製造工場ノ職工ニシテ伸銅工組合第二十二支部副支部長ナル処同月二十日他ノ職工等ト共力シテ要求書ヲ工場主ニ提出シ同月二十一日白川某方裏空家及ヒ被告存方ニ於テ要求容レラレサル場合ニハ職工全部ハ工場主ノ住居ニ押寄セ暴行ヲ為スコトヲ首唱画策シ同月二十二日右工場ニ於テ工場主及支配人ヨリ其ノ要求ヲ拒絶セラレ激憤セル職工等ニ対シ今ヤ要求容レラレス暴力ニ訴フルノ外途ナキ旨ヲ演説シテ煽動シ職工等ト共ニ小田方ニ押寄セ被告重吉若保次郎ハ故ナク同邸内ニ侵入シタルモノニシテ以上何レモ其ノ主魁ナリ

第二被告辰郎ハ日本労働総同盟大阪合同労働組合員ニシテ職工団ノ応援者被告伊之助存堅一寅松光次郎吉

松勝三ハ何レモ小田珐瑯製造工場ノ職工ニシテ伸銅工組合第二十二支部員又被告伊之助堅一ハ職工団ノ訪問係被告光次郎ハ同伝令係被告寅松ハ同会計係被告勝三ハ同交渉委員ナル処何レモ前示騒擾ニ加担シテ小田某方ニ殺到シ故ナク同邸内ニ侵入シ多衆ニ卒先シテ（一）被告伊之助ハ旗槍ニテ小田方表側硝子障子ヲ破壊シ（二）被告辰郎ハ小田方ニ投石シ且旗槍ニテ其表側窓硝子ヲ破壊シ（三）被告存ハ小田方ニ投石シ（四）被告堅一ハ小田方ノ金魚鉢ヲ破壊シ（五）被告寅松ハ小田方ニ投石シ（六）被告光次郎ハ自転車ニ乗リ先駆シテ小田方ノ門戸ヲ押開キ同門格子作潜戸ニ篏入セル硝子ヲ蹴破リ（七）被告吉松ハ小田方植木鉢ヲ破壊シ（八）被告勝三ハ被告光次郎ト共ニ真先ニ小田方ノ門戸ヲ押開キ且ツ『遣レ〳〵』ト連呼シ以テ何レモ其ノ勢ヲ助ケタルモノナリ

第三被告悦次郎ハ日本労働総同盟大阪機械労働組合員ニシテ前示騒擾ニ加担シ多衆職工ト共ニ故ナク小田邸内ニ侵入シ『這入レ這入レ』『遣レ〳〵』ト連呼シテ附和随行シタルモノナリ」

（判旨）「刑法第百六条ノ騒擾罪ハ同条ノ規定ニヨルトキハ多衆集合シテ暴行又ハ脅迫ヲ為スニヨリテ成立スルモノニシテ旧刑法第百三十七条ノ規定ト其ノ趣ヲ異ニシ特ニ官庁ニ喧閙シ官吏ニ強逼シ又ハ村市ヲ騒擾スル等ノ事ヲ要セサルモノナレハ其ノ所為ノ結果特ニ当該地方ニ於ケル静謐ヲ害スル事ヲ要件トスルモノニ非ス蓋シ法律カ斯ノ如キ所為ヲ普通暴行脅迫罪ノ外騒擾罪トシテ処罰スル所以ハ地方ノ静謐又ハ公共ノ平和ヲ害スル虞アルカ為ナルモ其ノ所為自体ニ於テ当然地方ノ静謐又ハ公共ノ平和ヲ害スル虞アルモノトシテ特ニ現実斯ノ如キ具体的結果ノ発生ヲ必要トスルモノニ非サレハナリ而シテ多衆ノ中ニ加リタル者ハ仮令自ラ暴行脅迫ノ行為ヲ為ササルモ共同ノ力ヲ利用シ暴行脅迫ヲ為スノ意思ヲ以テ之ニ加リタル以上外部ニ対シテハ現実暴行脅迫ヲ為シタル者ト共ニ一団トシテ集団其ノモノカ暴行脅迫ヲ為スモノト認メラレ玆ニ地方ノ静謐又ハ公共ノ平和ヲ害スル危険性ヲ帯フルニ至ルヲ以テ之ヲ包括シテ騒擾罪トシテ処罰スルノ趣旨ナル事疑ヲ容レス原判決ノ認定スルトコロニヨレハ被告等七八十名ノ者カ一団トナリテ小田仙太郎方ニ殺到シ其ノ

邸内ニ闖入シ投石其ノ他ノ暴行ヲ為シタリト云フニ在リテ其ノ所為自体ニ於テ其ノ地方ノ静謐ヲ害スルノ虞アル事ヲ認ムルニ足レハ原判決ハ所論ノ如キ違法アルモノニ非ス論旨理由ナシ」（大判大一三・七・一〇刑集三・五六六、〔研究〕平野義太郎・法律における階級闘争（大一四）一七五頁＝法学志林二六巻一二号一三六二頁）。

右の判例にも言われているように、騒擾罪は、地方の静謐または公共の平和を危殆ならしめる犯罪であり、その規定の保護法益が公共の平和であるということは、学説においても一般に認められているところと云ってよいであろう（例えば、木村・各論一八〇頁、小野・新訂各論六六頁、滝川・各論二一一頁、団藤・各論一〇四頁以下、平場＝森下・前掲書四一頁、四五頁、宮内・前掲書二〇六頁、二〇八頁、井上・各論一七二頁、植松・概論四四一頁、泉二・日本刑法論各論一二〇頁、江家・各論八一頁、前掲、安平・理論一七五頁、前掲、伊達・講座七巻一四二五頁、福田・各論六九頁など。なお、ドイツにおいても、Liszt-Schmidt, Lehrbuch, 25. Aufl. 1927, S. 799; Hippel, Lehrbuch, 1932, S. 356; Binding, Lehrbuch des gemeinen deutschen Strafrechts, Bes. Teil, 2. Bd. 2. Abt. 1905, S. 880 f.; Schönke-Schröder, StGB. 9. Aufl. S. 562; Welzel, Das deutsche Strafrecht, 7. Aufl. S. 433; Sauer, System des Strafrechts, Bes. Teil, 1954, S. 460 f. ただし、宮本・大綱四三四頁は、「騒擾罪は従来静謐即ち法律秩序の平穏状態を害する罪として説明された。しかし厳密にいへば、斯やうな平穏状態の侵害によつて害されるものは実は斯やうな状態下に在る一般の法益である。従つて静謐その者をもつて被害法益と為すことは不合理である」とされる）。

しかし、たとえば木村博士も言われるように、「騒擾の罪の本質は、官憲に対する反抗を内容とする暴動（Aufruhr, rébellion, émeute）とは性質を異にし、専ら、公共の安寧・平和に対する犯罪たることに在る。従って、騒擾罪と旧刑法に所謂『兇徒聚衆ノ罪』（旧刑一三六条―一三八条）又は軍刑法に於ける党与の罪（陸刑五八条・六一条以下、海刑五六条・五九条以下）とは全然性質を異にするものなり」（各論一八〇頁）というべきであろうか。また、騒擾罪は危殆犯であるから、次の判例もいうように、その法益たる公共の平和が現実に侵害せられることを必要としないが、しかし、公共の平和が具体的に危険ならしめられることを必要とする（牧野・各論上巻七九頁、小野・各論六八頁、団藤・各論一〇六頁、平場＝森下・前掲書四四頁、宮内・前掲書二〇九頁、井上・各論一七三頁、植松・概論四四一頁・斎藤・各論八三頁、江家・各論八三頁、安平・理論一八一頁、伊達・前掲一四二九頁以下、滝川(春)「騒擾罪」法律のひろば八巻一一号一六頁、秋山・前掲法学セミナー六九号三五頁、平野(義)・前掲志林二六巻一二号一三七二頁、福田・各論七一頁、柏木・各論（上）一六九頁）か、または、単に多衆が聚合して暴行脅迫をすること自体において、抽象的に公共の平和に対する危険が成立する（木村・各論一八三頁、同旨、宮本・大綱四二三頁、大場・各論下巻（明四三）三二頁）と解すべきかは問題である。

そこで、以下、この二つの問題を中心に、騒擾罪の本質と騒擾の概念について、考えてみることにしよう。

【9】（上告理由）「騒擾罪ハ聚合シタル多衆人ノ合同力ヲ以テ手段ト為シ之ニ依リテ暴行又ハ脅迫ヲ為シ以テ騒擾ヲ為スノ行為即チ地方ノ公共ノ静謐ヲ害スル行為アルニ依リテ成立ス左レハ多衆人ノ聚合ニヨリ地方ノ静謐ヲ害シタルコト即チ不定多衆人ノ有スル法律的安定ノ状態若ハ法律的安定ノ感覚カ擾乱セラレ玆ニ社会ノ公安カ紊サレ一地方ニ於ケル公共ノ静謐カ侵害セラルルニ非サレハ騒擾罪ノ成立スルコトナキモノトス原判決判示第一事実ニヨレハ上告人儀十ハ官憲ノ許可ヲ受ケテ為セル屋外集合ニ於テ当時ノ首相原敬ニ辞職勧告ヲ為スヘキ決議ヲ為シ其ノ実行委員ニ挙ケラレ其ノ委任ニ係ル事務ヲ遂行センカ為原首相ニ面会セントセルニ多数警察官吏カ之ヲ阻止シタル為之ト抗争シタルニ過キスシテ毫モ一地方ノ静謐ヲ害シ公安ヲ擾乱シタルモノニ非ス」「若シ警察官吏多衆聚合シテ故ナク上告人等ノ行動ヲ妨害スルコトナカリシナランニハ上告人等ハ穏カニ其ノ正当ナル行為ヲ為セルニ過キサリシナラン要スルニ上告人等ハ何等地方ノ静謐ヲ害スヘキ行為ヲ為シタルニ非スシテ啻正当ナル上告人等ノ行動ヲ妨クル警察官ノ所為ヲ不当トシテ之ト争ヘルニ過キサルナリ然ルニ原判決カ之ヲ以テ騒擾罪ヲ構成スルモノトシ刑法第百六条第二項ヲ適用シテ有罪ノ言渡ヲ為シタルハ違法ニシテ破毀ヲ免レサルモノト信ス」

（判旨）「騒擾罪ハ多衆聚合シテ暴行又ハ脅迫ヲ為スニ由リテ成立スルモノニシテ斯ル行為ハ自ラ公共ノ平安ヲ害スヘキ危険性ヲ有スルモノナリト雖各場合ニ於テ具体的ニ斯ル結果ノ発生スルコトハ同罪ノ成立要件ニ非ス原判示ニ依レハ被告等ハ多衆聚合シテ暴行ノ行ハレタル際率先助勢ノ行為ヲ為シタルモノナルカ故

ニ其ノ所為ハ刑法第百六条第二号ノ罪ヲ構成スルコト勿論ニシテ原判決ノ擬律ハ違法ニ非ス論旨理由ナシ」（大判大一二・四・七刑集二・三三二）。

（三）　騒擾罪と兇徒聚衆の罪　騒擾罪と旧刑法の兇徒聚衆の罪とは「全然性質を異にする」とせられる木村博士の所説に対して、たとえば泉二博士（日本刑法論各論一二〇頁）は、次のように言われる。

「騒擾ノ罪（Öffentliche Zusammenrottung）ハ法典第百六条及ヒ第百七条ノ規定スル所ニシテ旧刑法ノ兇徒聚衆罪ニ該当スルモノナリ兇徒聚衆ノ罪ト云フトキハ特ニ兇徒ト称ス可キ種類ノ悪漢ヲ嘯聚スル行為ナルカ如ク認メラレ名実相伴ハサルカ故ニ刑法ハ其称呼ヲ改メタリ」（同旨、安平・理論一七五頁、荘子「騒擾罪の構造的特質」ジュリスト二一九号六頁註一九頁註二、なお九頁註六参照、下村「騒擾罪の故意」法律のひろば一四巻二号一九頁）。

そして、判例の中にも、次の判例のように、現行刑法一〇六条の騒擾罪と旧刑法一三七条に規定する兇徒嘯聚の罪が性質を同じくするものであることを黙示的に認めたものもある。

【10】（判旨）「旧刑法第百三十七条ニ規定スル兇徒嘯聚ノ罪ハ新刑法第百六条ニ規定スル騒擾ノ罪ハ多衆カ共同ノ意思ヲ以テ共同シテ暴行又ハ脅迫ヲ為スコトニ依テ成立ス而シテ其共同シテ暴行又ハ脅迫ヲ為スノ意思ハ多衆集合ノ当初ヨリ存在スルト将タ集合後ニ於テ発生スルトヲ問ハサルモノトス而シテ原判決ノ判示スル所ニ依レハ判示町会開催ノ当日岡崎町役場附近ニ集合シタル群衆中少クトモ其一部ノ群衆ハ右集合後ニ於テ被告竹五郎、重五郎、福松、銀次郎、磯太郎、佐一郎、太吉等ト共ニ各共同ノ意思ヲ以テ共同シテ判示ノ如ク暴行及脅迫ヲ為シタルモノナリトス然レハ原判決ニ於テ前記判示事実ハ前掲新旧刑法ノ各条ニ該当スルモノトシテ同法条ヲ適用シタルハ正当ニシテ畢竟本論旨ハ原院ニ於ケル事実認定ノ趣旨ヲ誤解シ延ヒテ同判決ノ事実認定及法律適用ニ関シテ理由不備ノ違法アリト論難スルモノニシテ上告適法ノ理由トナラス」（大判明四

三・四・一九刑録一六・六六四）。

なお、もし、木村博士の所説が、旧刑法の兇徒聚衆の罪を「官憲に対する反抗を内容とする暴動」に関する規定と解せられていることに由来するとするならば（荘子・前掲九頁註六参照）、右の判例の次の判旨も重要であろう。

（上告理由）「官庁ニ喧閙シ官吏ニ強逼スルカ如キハ兇徒嘯聚罪（旧刑法第百三十七条）ノ特質ナルカ故ニ暴動行為中官吏ノ職務執行ヲ妨害スル行為ノ如キハ兇徒嘯聚罪中ニ当然包含セラルヘキモノニシテ別ニ一罪ヲ構成スヘキモノニアラス然ルニ被告佐一郎、大吉ノ両名カ暴動ヲ為スノ際巡査ノ職務執行ヲ妨ケタル行為ヲ以テ別ニ一罪ヲ構成スルモノトシテ処断シタル原判決ハ擬律錯誤ノ不法アルモノト信ス」

（判旨）「旧刑法第百三十七条ニ所謂官庁ニ喧閙シ官吏ニ強逼スル行為ハ直チニ官吏ノ職務執行ヲ妨害スルモノト云フコトヲ得サルヲ以テ仮令同条ニ規定スル暴動ニ該当スル行為ナリト雖モ同時ニ官吏ノ職務執行ヲ妨害スル行為タル以上ハ旧法ノ適用ニ於テハ右法条ニ該当スル兇徒聚衆ノ罪ノ外ニ別ニ同法第百三十九条ニ規定スル官吏ノ職務執行ヲ妨害スル罪ヲモ構成スヘキモノトス」（大判明四三・四・一九刑録一六・六六五）。

なお、明治四十年政府提出刑法改正案（現行法）理由書によれば、「現行法（＝旧刑法）ハ本章ノ罪（＝第八章騒擾ノ罪）ヲ兇徒聚衆ノ罪ト称シ兇徒多衆ヲ嘯聚シテ暴動ヲ為ス場合ノ規定ナリト雖モ唯其用語不当ナルノミナラス其趣旨ニ至リテハ広ク内乱ノ目的ヲ除キ総テ其他ノ目的ヲ以テ多衆聚合シ暴行又ハ脅迫ヲ為ス場合ニ適用セントスルコト明白ナリ故ニ改正案（＝現行法）ハ其趣旨ニ依リテ語句ヲ改変シタリ」（高橋—小谷共編・刑法沿革綜覧（大一二）二一七一頁）ということで、要するに、沿革的・刑法史的には、旧刑法の兇徒聚衆の罪と現行法の騒擾罪の規定は同じに解せられていた、といってよいであろう（たとえば、勝本・刑法析義各論之部上巻（明三二）一九二頁以下参照）。

しかし、前掲判例【10】の上告理由にも見られるように、刑法解釈学的には、木村博士の所説を誤りとすることもできない。刑法史と刑法解釈学は方法論的に異るからである。したがって、問題は、「騒擾の罪の本質は、官憲に対する反抗を内容とする暴動とは性質を異にし、専ら、公共の安寧・平和に対する犯罪たることに在る」と解せられることの当否にある。

たしかに「旧刑法の兇徒聚衆罪は『静謐（paix publique）を害する罪』の章に規定されていたにかかわらず、国権に対する反抗の要素がかなり濃厚であった」（団藤・各論一〇四頁）ということができよう。しかし、現行法の騒擾罪も、法社会学的に見れば、「国家権力に対する反抗として行なわれることが多い」（団藤・前掲一〇四頁）といえよう。それを法解釈学的に全然考慮する必要がないか。

荘子教授によれば、「騒擾罪事件は、二つの型に大別することができる。第一の型は、政治上の主義・主張の相違から、自らの主張の貫徹をはかるために群集を結集し、群集の不満の爆発の結果として騒擾におもむくという場合である。第二の型は、いわばやくざの喧嘩においてみられるように、政治上の主張と本質的に関連を持たないような集団暴行事件である。騒擾罪事件において特に論議の対象となるのが第一の型に属する場合であることは、いうまでもない」（前掲、ジュリスト二一九号七頁）。教授は、第一の型の騒擾罪事件を更に次のように区分される（前掲七頁参照）。

(1)　労働運動に関する事案　大判明四一・四・一四刑録一四・三九六＝【29】、大判大一三・二・二六刑集三・六七＝【47】、大判大一三・七・一〇刑集三・五六四＝【8】、大判昭五・四・二四刑集九・

二六五＝【46】など。

(2)　小作問題に関する事案　大判昭二・四・五刑集六・一二八＝【40】、大判昭二・一二・二〇刑集六・五三三＝【17】、大判昭七・九・一二刑集一一・一三〇五＝【3】など。

(3)　米騒動に関する事案　大判大八・二・六刑録二五・八七＝【35】、大判大八・五・一七刑録二五・六四四＝【44】、大判大八・五・二三＝【33】、大判大八・六・二三刑録二五・八〇〇＝【51】、大判大八・一二・九刑録二五・一三五〇＝【42】。

(4)　町村等の地方政治に対する不満から発したもの　大判明四四・九・二五刑録一七・一五五〇＝【4】、大判明四五・七・五刑録一八・九九七＝【37】、大判明四五・六・四刑録一八・八一五＝【21】、大判大四・一一・二刑録二一・一八三一＝【6】、大判大四・一一・六刑録二一・一八九七＝【20】、大判明四三・四・一九刑録一六・六五七＝【10】、大判明四四・三・二刑録一七・二三九＝【48】、大判昭二・七・八刑集六・二五〇＝【36】など。

(5)　政党政治に対する不満から発したもの　大判大二・一〇・三刑録一九・九一〇＝【19】、大判大三・一〇・一九刑録二〇・一八八四＝【27】、大判大三・二・二四刑録二〇・一九五＝【32】など。

(6)　示威行進の過程において警戒線と衝突した事案　大判大一二・四・七刑集二・三一八＝【9】。

最後の(6)など、(5)に入れるべきだと考えるが、それはともかく、労働問題・小作問題・米価問題など、これらの問題から発した騒擾事件に騒擾罪の規定を適用することは、政治学的に考察すれば、政治の不備欠陥を糊塗し、政治に対する攻撃を圧伏する機能を果すともいえよう。しかし、このような副次的機能が存在するからといつて、公共の平和・公共の静謐の保持という騒擾罪の規定の本質的機能が正当に発揮されているかぎり、騒擾罪の規定の適用を否定すべきではない。

問題は、政治の不備欠陥に対する攻撃を圧伏することが主になつて、公共の平和・公共の静謐の保持というその本来の機能を超えて、一地方の静謐を害するに足る危険の認定が拡大される場合である。そして、荘子教授は、「この場合においてはじめて、騒擾罪がいわゆる弾圧法規としての機能を発揮するものというべきである」とされる（前掲、ジュリスト二一九号八頁。なお、森長「騒擾罪覚書」労働法律旬報九八・九九号一四頁以下参照）。

なお、この問題に関しては、次の判例がある。

【11】「（上告趣意）第七点について。所論は、原判決の事実誤認、単なる法令違反をいう点もあるが、その余は結局要するに、刑法一〇六条の騒擾罪の規定は、支配階級の利益を守るために、被支配階級の大衆運動を弾圧するための刑罰法規として運用されて来たものであつて、その構成要件は、いずれも曖昧で客観的な厳密性は少しもなく、同条を適用する裁判官の主観によつて著しく左右されるから、同条は、憲法三一条に反する違憲、無効の法規であるというに帰する。

しかし、事実誤認、単なる法令違反をいう点が刑訴四〇五条の上告理由に当らないことは、すでに、しばしば判示したところであり、また、刑法一〇六条の騒擾罪の規定が支配階級の利益を守るために、被支配階級の大衆運動を弾圧するための刑罰法規として運用されて来たものでないことは、大審院の示した従来の判例中の事案（例えば、明治四四年（れ）一五三一号同年九月二五日宣告同院判決録一七輯一五五〇頁以下判決、大正四年（れ）一五〇九号同年一一月六日宣告同録二一輯一八九七頁以下判決、大正一一年（れ）九一三号同年一二月一一日宣告同院判例集一巻七四一頁以下判決、大正一五年（れ）一六二五号昭和二年三月四日宣告同判例集六巻六七頁以下、昭和二年（れ）一二三九号同年一〇月二七日宣告判決、同年（れ）一一八

八号同年一二月八日宣告判例集六巻四七六頁以下判決参照）ことに当裁判所の判例の事案（昭和二六年（れ）九〇八号同二八年五月二一日第一小法廷判決、判例集七巻五号一〇五三頁以下、昭和二八年（あ）五六〇四号同二九年七月一六日第二小法廷判決、判例集八巻七号一一六九頁以下参照）に徴し明白である。

そして、刑法一〇六条は「多衆聚合シテ……（中略）……罰金ニ処ス」と規定され、その犯罪の構成要件とこれに対する法定刑とは厳格に規定され、ことに犯罪の構成要件は文義上明確であり、かつ、裁判官は、同法条と同条につき従来なされた多数の判例とに従い法律を適用するものであつて、裁判官の主観によつて著しく左右されるものでないから、所論違憲の主張は、その前提を欠き採ることができない」（最判昭三五・一二・八刑集一四・一三・一八二四前出【5】と同一判例）。

右の判例の挙げている従来の判例の事案中、最判昭二八・五・二一＝【2】、大判昭二・三・四、大判昭二・一〇・二七＝【53】、大判昭二・一二・八＝【56】は、やくざ仲間の喧嘩に関するものであり、このような事案について、被支配階級の大衆運動の弾圧を云々することのできないことは、いうまでもない。

しかし、すでに述べたように、騒擾罪の規定が、いわゆる弾圧法規としての機能も果し得ることを考慮して、その解釈・運用は充分に慎重でなくてはならないであろう。そして、この点は次の問題と関係する。

（四）騒擾罪は抽象的危険犯か具体的危険犯か　すでに述べたように、騒擾罪は危殆犯であるから、その法益たる公共の平和が現実に侵害せられることを必要としないが、しかし、公共の平和が具体的に危険ならしめられることを必要とするか、または、単に多衆が聚合して暴行脅迫をすることと自体において、抽象的に公共の平和に対する危険が成立すると解すべきかは、騒擾罪の本質と騒擾の概念に関する最も根本的な問題ということができよう。そして、この点については、すでに述べたように（前出八六頁）、学説としては前者すなわち具体的危険犯説が多数説である、といってよいばかりでなく、判例の中にも次のようなものがある。

【12】（上告理由）「原判決ハ其ノ第一事実トシテ『被告人金山佐五郎野間嘉代治村上庄平馬越忠治川上利八ノ五名ハ同月（昭和十年四月）十四、五日頃野間嘉代治ノ肩書居宅等ニ於テ同月十五日ノ夜間多数ノ同志区民ヲ集メ共ニ前記三反地ノ合併校敷地工事場（以下単ニ工事現場ト略スルコトアルヘシ）ニ押寄セ同工事ニ使用中ナル西伯方村所有ノ土工用器具ヲ破棄隠匿シテ工事ヲ不能ナラシメンコトヲ謀議シ其ノ実行トシテ同月十五日夜間右野間嘉代治方附近ニ同志区民ヲ集メ被告人野間嘉代治、村上庄平、川上利八ニ於テ前示謀議ノ結果ヲ告ケ参集シタル被告人浜岡政治郎村上六松広瀬実夫ハ同原審相被告人馬越作太郎片山喜三良今岡重治郎外二十余名ト共ニ之ニ賛同加担シ共ニ工事現場ニ押掛ケ野間嘉代治村上六松川上利八村上庄平浜岡政治郎広瀬実夫及其ノ他ノ者ニ於テ其ノ場ニ在リタル土工用トロッコノ車輪及敷設ノレールヲ取外シ之ヲ十余町離レタル伊方海岸ノ砂中ニ埋メ又ハ物蔭ニ隠匿シ因テトロッコ及レールヲ損壊シ』タル事実ヲ認定シ上告人等ノ此ノ点ニ関スル所為ニ各暴力行為等処罰ニ関スル法律第一条第一項刑法第二百六十一条ヲ適用処断シタリ然レトモ若シ判示認定ノ如クンハ即チ首謀者カ集合謀議画策ヲ為シタル後約三十名ノ者カ夜間工事場ニ在リタル土工用トロッコノ車輪及敷設ノレールヲ取外シテ之ヲ十余町離レタル海岸迄示威ヲ行ヒツツ運ヒ砂中又ハ物蔭ニ隠匿スルカ如キハ明カニ多衆聚合シテ暴行ヲ為シ地方ノ静謐ヲ害スル程度ノモノナリト謂ハサルヘカラス従ッテ刑法第百六条ニ問擬スヘキモノナルニ拘ラス之ヲ暴力行為等処罰ニ関スル法律第一条第一項ニ問擬シタルハ違法ナリト謂ハサルヘカラス即チ暴力行為等処罰ニ関スル法律第一条ノ罪ハ団体若クハ

多衆ノ威力ヲ背景トスル暴力行為ヲ其ノ客体トスルモノナルモ刑法第百六条ノ騒擾罪ハ現実ニ多衆カ聚合シテ公共ノ静謐ヲ害スヘキ暴行脅迫ヲ為シタル場合ニ成立スルモノナルヲ以テ原判決認定ノ事実ハ明カニ後者ノ騒擾罪ニ認当スルモノト謂ハサルヘカラス然ルニ原判決カ右ノ事実ニ対シ暴力行為等処罰ニ関スル法律ヲ適用シタルハ擬律ニ錯誤アルモノニシテ破毀ヲ免レサルモノト信ス」

（判旨）「凡ソ騒擾罪ノ成立ニハ多衆聚合シテ暴行又ハ脅迫ヲ為スコトニ因リ少クトモ或地方ニ於ケル公共ノ静謐ヲ害スル虞アルコトヲ要件トスルモノナリ然ルニ原判決カ第一事実トシテ判示スル所ハ畢竟数人共同シテ刑法第二百六十一条ノ罪ヲ犯シタリト云フニ帰シ之カ為ニ当該地方ニ於ケル公共ノ静謐ヲ害スルノ虞アリト云フカ如キ事実ハ其ノ認メサル所ナルコト判文上自ラ明白ナルカ故ニ原審カ右ノ判示事実ニ対シ騒擾罪ノ擬律ヲ為サスシテ暴力行為等処罰ニ関スル法律第一条第一項ヲ適用処断シタルハ正当ナルヲ以テ論旨ハ理由ナシ」（大判昭一一・五・八新聞三九八六・一七）。

【13】「（上告趣意書）第三点原判決ハ判決ニ示スヘキ判断ヲ遺脱セル違法アリ蓋シ騒擾罪ニツイテハ多衆聚合シテナシタル暴行脅迫カ公共ノ安寧静謐ヲ害スルニ至ルニヨリ成立ス従テ暴行脅迫カ公共ノ静謐ヲ害スル程度ニ至リタルヤ否ヤハ犯罪構成要件ニシテ裁判所ハコノ点ニツキ事実ノ摘示判断ヲナササルヘカラスノミナラスソノ基本トナル証拠ヲ開示スヘキモノトス原判決ハ茲ニ出テスコノ点ニ関スル事実ノ判断証拠ノ開示ヲナササルノ違法アルモノナリト云フニ在レトモ騒擾罪ノ成立スルニハ現実ニ地方ノ静謐ヲ害シタルコトヲ要セス止タ静謐ヲ害スル虞アルヲ以テ足ルモノナルカ故ニ原判決カ証拠ニ依リ認メタル原判示ハ騒擾罪ノ説示トシテ毫モ間然スル所ナキモノト謂ハサルヘカラス論旨ハ理由ナシ」（大判昭六・九・二新聞三三一四・九）。

右の判判【13】は、「騒擾罪ノ成立スルニハ現実ニ地方ノ静謐ヲ害シタルコトヲ要セス止タ静謐ヲ害スル虞アルヲ以テ足ル」というような表現をしているが、判決全文を読むと、やはり抽象的危険をもつて足るとしているのであつて、判例【12】と同旨という訳には行かない。したがつて、戦前の判例としては、判例【12】が、具体的危険犯説をとつた殆ど唯一の判例といつてよいかも知れない。それに対して、戦後の判例、とくに下級審の判例には、具体的危険犯説をとつていると解せられるものが二、三見られる。

【14】「騒擾罪は多衆が集合して暴行又は脅迫をなすによつて成立するが、その暴行又は脅迫は、集合した多衆の共同意思に出たものであり、いわば、集団そのものの暴行又は脅迫と認められる場合であることを要し、その多衆であるためには一地方における公共の平和、静謐を害するに足る暴行脅迫をなすに適当な多数人であることを要し、その暴行又は脅迫の程度においても、一地方における公共の平和、静謐を害する危険性を帯びるに至る程度のものであることを要すると解する。

多衆の暴行脅迫が群衆の暴動に発展して社会の治安を動揺せしめる危険又は社会の治安に不安動揺を生ぜしめた事実はこれを必要とするものではないが、騒擾罪が一地方における公共の平和、静謐をその保護法益とする本質に鑑み、多衆の暴行脅迫が相当の程度に達し、一地方における公共の平和、静謐を害する危険性を帯びるに至る程度のものであることを要するものと解するのが相当であると考える。そのような危険性を帯びるに至る程度の暴行脅迫は、集合した多衆（共同暴行脅迫の意思を持つ多数人の集団）の内容、即ち人数はもちろん、構成員の質（性別、成少年の別、組織訓練ある者か烏合の群衆か等）、兇器類、集団のもつ公安危害の危険性に関係ある諸事情と密接不可分の関係にあるのであつて、或は単純な暴行脅迫で十分である場合もあろうし、更にそれ以上の強力な行為によつてはじめて充たされる場合もあるであろう。判例（大審院大正二年（れ）第一五五八号同年一〇月三日判決）が、『多衆とは多人数の集団を指称するもので、一地方における公共の静謐を害するに足る暴行脅迫をなすに適当なる多数人なることを要する』としているのは、右の意味において多衆の意義と共に暴行脅迫の程度をも判示しているものと解さなくてはならない」（仙台高判昭三三・六・三〇—七・一判時一六六・一二〔研究〕大塚仁「いわゆる平事件と騒擾罪の成立」判例評論一六号六頁）。

【15】　「騒擾罪は、多衆集合して暴行又は脅迫をすることによつて成立するが、その暴行又は脅迫は集合した多衆の共同の意思に出たものであることを要し、いわば多衆の集団そのものの行為と認められる場合でなければならない。そして本罪が地方の静謐、公共の平和を被害法益とする点から考察すれば、その多衆であるためには一地方における公共の平和、静謐を害するに足る暴行脅迫をなすに適当な多数人であることを要し、その暴行脅迫の程度においても一地方における公共の平和、静謐を害する危険性がある程度のものであることを要するものと解する。

六月三十日湯本町署或いは内郷町署に押しかけた群衆の状況、その行動、これらの行動がなされるに至つた事情及びこれらの行為が平市警察署襲撃の意図計画に基いてなされたものとも或いは平市警察署における、暴行脅迫等の行為を予期してなされたものとも認められないことは、いずれも前認定のとおりであるから右両町署における行為をもつてその相互の間において、又はその後平市警察署において発生した群衆による暴行等の行為との関係においてその準備行為又は一罪の関係に立つものとは認められない。そして湯本町警察署における行為についてみると渡辺巡査部長に罵声を浴せ或いはこれをスクラムで取囲む行為をしたが、同部長の要求によつて右のスクラムは直ちに解かれたのであり、（証人渡辺清憲の証言）その程度は極めて軽微であつて到底騒擾にあたるとはいえない」。

「次に平市警察署における状況についてみると、検察官は同署に押しかけた群衆による暴行、脅迫等の所為によつて平市警察署の機能が完全に喪失せしめられ又同署及び附近一帯の静謐が害せられたとしている。

同日午後三時三十分頃群衆が同署前に押しかけた後、午後十一時過頃群衆が同署を引上げるに至るまでの間、同署玄関前における群衆の暴行によつて十二名の署員が負傷し、その後群衆が署内に立入り喧噪に亘る行為或いは暴行脅迫等の行為をなす者があつたことは前認定のとおりであつて、かかる点からみれば同警察署の機能に支障を来たしたことは疑がない。しかし群衆によるかかる行為が果して多衆による共同意思によつたものであるかについて検討することを要すると共に、騒擾罪における暴行、脅迫の程度を論ずるに当つて警察機能に支障を与えるに至つた行為があればそれをもつて直ちに地方の静謐を害する惧のある程度のものであると論断することを得ないことも亦当然であり、多衆による暴行又は脅迫行為それ自体が一地方の静謐を害する危険がある程度のものであるか否かを検討しなければならない」（福島地平支判昭三〇・九・一〇判時六二・一四）。

【16】（事実）「国鉄浜田機関区の技術係又は機関助手たる堀西正斉外二名が昭和二十三年政令二百一号違反容疑で、同年十月四日松江地方裁判所に起訴され、松江刑務所に勾留された事件に関し、右政令は、憲法違反の法規なるが故に右三名に対する勾留は不法で、その起訴は国鉄労働組合運動に対する不当弾圧であるとし、松江地方の日本共産党、社会党及び各労働組合によつて組織された共同闘争委員会は、松江地方裁判所に対し勾留中前記三名の即時釈放を松江刑務所に対し同人等の待遇改善等をそれぞれ要求するため、大衆による示威行進を行うことを決定し、日本共産党松江地区委員会はこれが主催者として同年十月十八日松江市警察署に対し、挙行日時十月二十日午前九時より約五時間、行進順路として大手前殿町、松江地方検察庁等を指定し、その目的としてフアッショ反対、刑務所治安課長退陣、ポ政令犠牲者釈放等の事項を掲げて屋外集会届を提出し、同月二十日午前十時頃、共産党員及全逓外各労働組合員等合計三百五十名の大衆は松江市殿町大手前広場に集合し、裁判官との交渉委員として被告人山室外八名を選出した後、約百米位の三列縦隊となつて同所を出発し、松江地方裁判所に向け行進し、途中スクラムを組み赤旗及び『浜田の同志を救え』『ファッショ反対』『不当弾圧絶対反対』等と大書したプラカードを押し立てて、労働歌、革命歌を高唱合唱し、同市南殿町十字路附近に差しかかるや、特にワッショ・ワッショの喚声をあげて道路一杯に蛇行行進を行い、多衆の威力を示しながら、裁判所表門附近に至つたが、これよりさき、松江地方裁判所当局においては

かかる示威大衆の集団的構内に立入りはこれを認めず、少数の代表者に対してのみ構内立入り面会を許容する方針のもとに、裁判所表門西側の小門に入門拒絶の旨を記載した貼紙を掲示し、事務局長佐藤繁外二、三名の職員をして同表門において入門を許さない旨明言して両手を拡げて示威大衆の入門を阻止させたにかかわらず、示威行進の先頭にあつた青年共産同盟を主体とする一部の大衆は、佐藤事務局長を押除けて前記状態のまま駈足で同表大門を突破して構内に侵入し、続いてその余の示威大衆も先頭に従つて遂次同表門を通過して構内に行進し、庁舎正門玄関口前に集合し、次でさきに選任された被告人山室外八名の交渉委員が事件担当裁判官尾坂貞治及び芳村治通に面会し、前記釈放要求をするため、許可を受けて庁舎内に立入るや玄関口附近の大衆は、交渉委員の裁判官に対する釈放要求を支援するため労働歌、革命歌等を高唱し、又被告人平井外数名が前記三名の不当勾留等に関し交々演説するや拍手を以てこれに和し、更に玄関口から庁舎内え入ろうとした交渉状態の連絡報知員福間和已外二名に対し裁判所及び検察庁職員においてこれが立入りを拒絶し、人垣を作つてこれを阻止しようとするや、参加大衆の一部は、突如玄関石段を登つて同職員に対しこれが立入りを要求し、更に右連絡員を庁舎内え入れようとしてスクラムを組んでこれを押上げ、拒否する裁判所検察庁職員とのあいだに数回押合を繰返し、その際附近にいた数名の参加者はこれに呼応して阻止にあたつていた職員に投石するの暴行を敢てし、他方、交渉委員等は庁舎東側の事務室において、前記両裁判官と約一時間余にわたつて面会し、前記堀西外二名の保釈に関し種々折衝を試みたがその目的を遂げず、この交渉中交渉委員の言動は時間の経過と共に漸次激越乱暴となつたので、尾坂裁判官はこれ以上は問答無用であると告げて退室し、続いて芳村裁判官も退出しようとしたが交渉委員は同裁判官をして退出を思ひ止まらせ、更に執拗に保釈をせまつた。」「このあいだ玄関口前の参加大衆の大部は、交渉室窓下に移動蝟集し、労働歌を合唱し同裁判官に対し悪口雑言を浴びせ、剰え窓より室内へ赤旗を突き入れる等大いに気勢をあげ交渉委員に声援を送り、被告人小室も田中大蔵と共にこれを呼応し、遂に後記の如き脅迫行為に及んだが再び交渉室に現われた尾坂裁判官から三名の保釈については熟慮する旨の回答を得るに及んで漸くその場を去るに至つた。かくて参加大衆は、午後一時頃裁判所を引揚げ、刑務所に向け示威行進」「午後一時半頃第一隊第三隊第二隊の順序で数分間隔をおいて相前後して同刑務所表門小広場に逐次到達した。このとき同刑務所当局は松江裁判所と同様、代表者にのみ構内に立入り、面会を許可する方針のもとに、当日に限つて、平素は開門している表大門扉に門を施してこれを閉鎖し、示威大衆の集団的構内立入りを禁止する趣旨を明かにしたのにかかわらず、先頭にいた被告人立原、目黒田等約二十名位の参加者は、表大門に寄り添い密集して『平素はあけていながら自分等が来るのがわかつているのに何故しめているか早くあけろ』『あけんとぶちこわすぞ』『押し破つて入れ』等と怒号し、門扉を捉えてゆさぶり、遂にはスクラムを組んで門扉に押当り、これに施した前記門を折損して表大門を内側に向つて押開き同刑務所構内に突入し、続いて残りの参加大衆もこれに従つて逐次表大門を通過して構内に入り構内事務所玄関前に集合した上、仲里刑務所長に対する要求事項として、㈠勾留中の堀西外二名と示威大衆との即時共同面会、㈡勾留者待遇改善、㈢示威大衆の指定する医師を立会わして勾留者の健康診断、㈣治安課長の責任追及の四項目を決議して三名の交渉委員を選び、同交渉委員等は、決議事項を携え同事務所二階所長室で仲里所長と面会し、右決議事項の容認方を要求したが結局その目的を遂げずして退出し、かくて参加大衆は折柄発せられた同所長の退去命令並びに警戒のため刑務所構内に出動していた警官隊の勧告に従つて、午後二時過ぎ頃解散し、同刑務所を引揚げたものである」。

（判旨）　「本件が騒擾罪に該当しない所以を説明する。多衆聚合して暴行脅迫をしたとき騒擾罪の成立するためには、これによつて現実に一地方における公共の静謐を害したことを必要とせざるも、少くとも暴行脅迫が一地方の公共の静謐を害すべき程度のものたるを要するところ、本件示威行進の際に行われた多衆の暴行脅迫は判示の通りであるが（なお判示の如き目的のもとに判示のような行進方法による本件示威行進がそれ自体多衆聚合してなす暴行脅迫に該当しないことは言うをまたない）右の暴行脅迫が右の示威行進並びに判示建造物侵入の行為その他判示のような悪口雑言怒号等の所為と相倚り相俟つて裁判所及び刑務所附近一帯を中心とする地方の公共の静謐（即ちその地方における一般民衆の平安）を害したこと乃至害すべき程度のものであつたことは、これを認めるに足る証拠がなく却て判示事実自体に徴し明かな如く、判示暴行脅迫の各場所が極めて狭い地域に限られていたこと、その程度が小規模軽微であつたこと、それらの行為が本件示威行進に附随し偶発的に行われ計画的でなく且つ概ね短時間内に迅速に行われたこと等を綜合考察するときは、判示の暴行脅迫は当該地方における一般民衆の平安を害すべき程度に至らなかつたものと認めるを相当とする」（松江地判昭二四・六・一三刑事裁判資料五五・二〇八）。

しかし、最高裁判所は、前掲【2】の判旨に明かなように、抽象的危険犯説をとっており、前掲【5】の平事件最高裁判決の判旨とその上告理由または前掲【14】の第二審判旨とを注意深く比較して読めば、前掲【14】の第二審判旨が、この点において大審院以来の判例の態度に合致しないとの判断の下に、それに対して消極的立場を明らかにしているのだと解することもできよう（武安「ドイツにおける騒擾罪の規定の適用状況及びそのわが国との比較」法曹時報一一巻一〇号三四頁参照）。なお、前掲【8】【9】の判例のほか、同趣旨の判例として、大判昭二・七・八新聞二七二八・九（後出【36】と同一判決）、大判昭二・一二・二〇新聞二八〇二・九＝【17】（後出【50】と同一判例）、大判昭五・一〇・二〇新聞三二〇四・七、最判昭二九・七・一六＝【18】がある。

【17】「騒擾罪ハ多衆聚合シテ暴行又ハ脅迫ヲ為スニ因リテ成立シ該行為ニ因リ其ノ地方ニ於ケル静謐カ害セラレタルコトヲ要件トスルモノニ非ス蓋シ多衆聚合シ集団ノ威力ヲ藉リテ暴行脅迫ヲ為ス騒擾行為ト夫自体ニ於テ公共ノ安寧ヲ害シ地方ノ静謐ヲ乱スル危険性ヲ有スルカ故ニ斯ル行為ハ現実ニ公共的危害ヲ発生

セシメタルト否トニ拘ラス固ク之ヲ処罰スルノ法意ナリト解スヘキモノトス而シテ原判決ニ依レハ判示ノ日時場所ニ於テ新潟区裁判所執達吏カ判示仮差押ニ係ル米穀ノ競売ヲ実行セントスルニ当リ被告人等外判示農民組合ニ属スル多数小作人等約二百名カ該競売ノ場所タル判示西金沢諸橋四郎次方附近ニ聚合シ債権者タル地主代理白倉弥三郎ニ対シ判示ノ協定競落ヲ強要シ拒絶セラルルヤ多衆ノ威力ヲ藉リテ怒号喧噪シ判示ノ暴行脅迫ヲ為シテ騒擾ヲ醸成シタリト云フニ在レハ該行為ノ騒擾罪ヲ構成スルコト勿論ニシテ特ニ該行為ニ因リテ其ノ地方ノ静謐カ害セラレタルコトヲ判示スルノ要ナキモノトス」(大判昭二・一二・二〇新聞二八〇二・九)。

【18】（上告理由）「又仮に前記判決認定の如く、同日午前二時過より同四時頃迄の間連盟員多数が、竹槍、棍棒、鉄棒を携えて、まず民団下関事務所に殺倒し、同所建物備品等を破壊したのを皮切りに数十人宛一団となつて、民団員等居宅を襲撃して、その家屋備品等を破壊或は暴行脅迫を加えたとしても、之を騒擾を構成すると認定する証拠は存在しない。前記判決は『附近一帯の住民を恐怖に陥れ』と判示しているが、附近一帯とは何を意味するか不明である。若し之を下関市東大坪町一帯と解釈することができるとしても、東大坪町が幾何の広さがあり、幾人の住民が居住しているかの証拠はない。従つて、騒擾の構成要件たる一地方の静謐を害するという、一地方に該当するものなりや否やの証拠はない。前記判決は『附近一帯の住民を恐怖に陥れ一地方の静謐を害し』と判示しているが、附近一帯の住民が恐怖に陥り、一地方の静謐が害せられ、又害する虞が充分あつたとの証拠は存在しない。右判決が挙示するすべての証拠のうち本件当時の連盟員の行為により恐怖を感じたというものは姜彩仙、朴小岩、姜錫昊、李相根であり、河床徳はぐづぐづすると危いと思つて逃げて帰つたという程度である。」

（判旨）「騒擾罪にあたる事実を判示するには、多衆が集合して暴力または脅迫の行為をしたことを明らかにすれば足り、特にその行為が地方の静謐を害しまたは公共の平和を害する虞のあることを判示する必要はないものであり（昭和二六年（れ）九〇八号同二八年五月二一日第一小法廷判決、集七巻五号一〇五三頁)、騒擾罪は多衆聚合して暴行脅迫を為すに因りて成立し其の地方の静謐を害することを要件とするものでない。(大正一三年(れ)一〇〇九号同年七月一〇日大審院第二刑事部判決、刑集三巻五六四頁)そして、原判決の是認した第一審判決は、被告人等(被告人朴炳斗を除く)多衆が集合して襲撃、破壊、暴行、脅迫をした事実を認定していることが判文上明らかであり、右事実認定は同判決挙示の証拠により肯認することができるから、所論は違憲をいうが、原審裁判官が被告人等が朝鮮人であるとの人種的差別による予断偏見のもとに裁判をしたという事実は、記録上これを認めることができないし、その実質は事実誤認、訴訟法違反の主張に帰し上告適法の理由に当らない」(最判昭二九・七・一六 刑集八・七・一一七一)。

ところで、騒擾罪は具体的危険犯と解すべきか、抽象的危険犯と解すべきか。もし両者の区別を形式的に、具体的危険犯は危険の発生を構成要件の内容として特に規定しているものをいい、抽象的危険犯は危険の発生を構成要件の内容として特に規定しておらず、構成要件の内容たる行為をすれば常にそれだけで危険があるとされるものをいうのであるとするならば、判例が、騒擾罪を抽象的危険犯と解することも当然である。しかし、問題はその抽象的危険犯とせられるものの内容であつて、わたくしは、騒擾罪を抽象的危険犯と解しながらも、騒擾罪の各構成要件の解釈により、騒擾罪を具体的危険犯と解するのと、ほぼ同一の結果に到達し得るし、また騒擾罪の構成要件は、本来そのように解釈すべきものと考える(Vgl. Arndt, Das Wesen des Landfriedensbruchs, ZStW. 53. Bd. 1933, S. 220, 226)。そして、また、これがわが国の多数説といつてよいであろう。前に具体的危険犯説として掲げたもの(前出八六頁)の大部分は、そのような内容のものであり、むしろ規範的に修正(解釈)された抽象的危険犯説とでも言うべきか(なお、同旨、武安・前掲四〇頁、四一頁註二)。

そして、このような学説の修正解釈の努力は、騒擾罪の規定が憲法の保障する集団行動を抑圧する道具となる危険を考慮してのものということができよう。

ともあれ、騒擾罪の各構成要件の解釈が問題であり、騒擾罪は多衆聚合して暴行または脅迫をすることによつて成立するので、まず、その「多衆聚合」の意義が問題となる。

二　多衆聚合の意義

（一）　多衆の意義　多衆の意義については、前出【2】のほか、次の判例がリーディング・ケースといえようが、これは、前掲【5】の平事件最高裁判決によつて確認されている。すでに述べたように（一の一の（二））、この点については、今日わが刑法の騒擾罪の規定の解釈としては、学説・判例が一致しているといつてよいであろう。

【19】（上告理由）「而シテ法典ノ所謂多衆トハ固ヨリ犯行者ノ多衆ナルコトヲ要スト雖モ其如何ナル人数ヲ以テ多衆ナリトハ云フコトヲ得ヘキヤニ付テハ（ア）或ハ聚合シタル人員ヲ数フルニ相当ノ時間ヲ要スル場合ニ之ヲ多衆ナリトシ（イ）或ハ一旦聚合シタル人員ヲ数フル能ハサル場合ニ之ヲ多衆ナリトシ（ウ）或ハ聚合シタル人員中ニ一、二ノ脱退加入アルモ何等ノ影響ナキトキハ多衆ナリトシ（エ）或ハ単ニ多数ノ人ヲ意味スト為シ以テ其所説一定セスト雖モ要スルニ法典カ本罪ニ限リ特ニ多衆聚合シテト規定シタルニ徴スレハ苟モ五人乃至十人ノ如キ少数ヲ以テ足レリトスルモノニ非ス必スヤ少クトモ数十人以上ナルコトヲ要スルモノト論定セサルヘカラス然ルニ（一）本件記録ヲ査スルニ騒擾ノ主体トシテ認メラレタルモノハ僅ニ福田四郎、松尾鉄次、渡辺篤三郎、土屋虎一、小山吾郎市、平野力松、宮原千万樹、山崎成人ノ合計八名ニ過キス仮令此僅少ノ八名ノ者等カ如何ニ率先シテ勢ヲ助ケ或ハ附和雷同シタルモノトスルモ他ニ其主体タル者ノ多数存在スルニ非サル限リハ到底多衆ト云フコトヲ得ス従テ騒擾罪夫レ自体ハ成立スルニ由ナキカ故ニ

処罰スヘカラサルモノナルニモ拘ハラス原審ハ事茲ニ出テス其群集運動ノ事実ヲ確定シタルノミニシテ多衆ノ主体（即チ犯人）アルコトヲ認ムルコトナク単ニ被告等カ群集中ニ居リタル一事ニ依リテ直チニ採テ之ヲ同罪ニ問擬シタルハ失当モ亦甚タシ」

（判旨）「刑法第百六条ニ所謂多衆トハ多数人ノ集団ヲ指称スルモノニシテ其集団カ法律上多数タルニハ幾人以上ニ達スルコトヲ要スルヤ其他之ヲ判断スヘキ標準ヲ明示スル所ナキモ一地方ニ於ケル公共ノ静謐ヲ害スルニ足ル暴行脅迫ヲ為スニ適当ナル多数人ナルコトヲ要スルモノト解セサルヘカラス故ニ所論ノ如キ少数ノ人員ヲ以テシテハ仮令一団ヲ為シ共同シテ暴行脅迫ヲ為スモ固ヨリ刑法第百六条ノ罪ヲ構成セスト雖モ原判決ハ被告等カ数百名ト共ニ聚合シテ暴行脅迫ヲ為シタル事実ヲ認メ之ヲ騒擾罪ニ問擬シタルコト判文上極メテ明確ナレハ他ノ多衆カ検挙セラレス被告等少数者カ起訴セラレタルカ為メニ本件ハ被告等八名ノ行為ニシテ多衆ノ聚合ヲ要件トセル騒擾罪ヲ構成セスト論スルハ原判決ニ副ハサル非難ニシテ本論旨ハ謂ハレナシ」（大判大二・一〇・三刑録一九・九一五、後出【22】と同一判例）。

因に、右の判例の上告理由にいう（ア）に属するものとしては、フランク（Frank, StGB. 11.—14. Aufl., S. 222—§ 110, II, 1 b）、（イ）に属するものとしては、オルスハウゼン（Olshausen, Kommentar zum Strafgesetzbuch, 5. Aufl. 1. Bd. S. 437—§ 110 N. 7）、（ウ）に属するものとしては、滝川・各論二一二頁、シェンケ・シュレーダー（Schönke-Schröder. St-GB. 9. Aufl. S. 530, 562）、メツガー（Mezger, Strafrecht. II. Bes. Teil, 5. Aufl. S. 267）、ゲルラント（Gerland, Deutsches Reichsstrafrecht, 2. Aufl. 1932, S. 341 f.）を挙げることができよう。

しかし、多衆の概念の規範的目的論的把握としては、右の判例の判旨の方がすぐれているということができよう。伊達教授も言われるように、「ある集団が多衆といえるかどうかは、勿論、その人数に重点を置くべきことは当然であるが、これに加えて、その構成員の質（男女の性別、成年少年の別、組織訓練のある者か又は烏合の群集か等)、持っている兇器類、集団の目的、場所、時等その集団のもつ公安侵害の危険性に影響のある各般の事情を考慮して判断すべきものといわねばならない」(伊達・前掲講座七巻一四二六頁。なお、前掲【14】の判例のほか、Arndt, ibid. S. 222, 224 参照)。それで、結局、従来の判例にあらわれた具体的事案を批判的に比較検討して、そこに一定の限界や判断の基準を見出す外はないが(例えば、右の判例のほか、前掲【2】【4】【8】【12】【15】【16】【17】【18】などの判例参照)、右の判例【19】は、上告論旨が「苟モ五人乃至十人ノ如キ少数ヲ以テ足レリトスルモノニ非ス必スヤ少クトモ数十人以上ナルコトヲ要スルモノト論定セサルヘカラス」としたのに対して、「所論ノ如キ少数ノ人員ヲ以テシテハ仮令一団ヲ為シ共同シテ暴行脅迫ヲ為スモ固ヨリ刑法第百六条ノ罪ヲ構成セス」として、いわば多衆の最小限を判示しているとも見ることができよう。そして、その後、特にこの点が問題となっていないのは、通常、数十名以上の事件が起訴されていたため、といってよいであろう(前掲、武安・法曹時報一一巻一〇号三三頁、なお、四頁以下、三六頁以下参照)。

(二)　多衆の「聚合」　多衆の「聚合」は、騒擾罪は群集犯罪である、という観点からすれば、その群集形成の問題であるということができよう。この点については、すでに序説(一の(二))で述べておいた。それで、まず、それを参照されたいが(とくに判例【2】も参照)、多衆の「聚合」については、次の判例がある。

【20】　「騒擾罪ノ成立ニハ必スシモ当初ヨリ暴行脅迫ヲ為スノ目的ヲ以テ多衆聚合スルコトヲ必要トセス平穏ニ聚合シタル群衆カ中途ヨリ多衆ノ合同力ニヨリ暴行脅迫ヲ為スノ意思ヲ生シタル場合ニ於テモ騒擾罪ノ成立ヲ妨クルコトナキハ言ヲ俟タス原判決ノ判示スル所ニ依レハ七月三十一日村民大会ニ聚合シタル会衆ハ被告大助善助等ノ過激ナル演説ニ刺戟セラレテ点燈者ニ暴行脅迫ヲ為スノ意思ヲ生シ原判決記載ノ如ク一

団ト為リテ騒擾行為ヲ為シタリト云フニ在ルヲ以テ騒擾罪ヲ認メタル原判決ノ説明トシテ何等間然スル所ナシ」（大判大四・一一・六刑録二一・一九三二、後出【43】と同一判例、〔研究〕宮内・法学セミナー四四号三〇頁。同旨、前掲【10】）。

【21】（上告理由）「総テ騒擾罪ニハ共同ノ目的ヲ以テ多数人カ同時ニ同一ノ場所ニ聚合シ暴行又ハ脅迫ヲ為スヲ以テ成立スルモノナルハ一般ニ異論ナキ所ナリ従テ騒擾罪ニハ共同目的ノ存在ヲ必要トス然ルニ今原判決理由ノ部ヲ見ルニ『中略部落総代湊角太郎カ村社ノ合祀其他ニ関シ部落民一同ヲ同部落西光寺ニ招集シタル席上ニ於テ左ノ紛擾中小鮎漁獲権歩一税等話題ニ上リ是レ畢竟同年二月迄村長ノ職ニ在リタル玉田良雄ノ処置其宜シキヲ得サルカ為メニシテ寧ロ同人ニ迫リ之カ解釈ヲ促スヘシト主張スルモノアリテ之カ動機トナリ被告ハ勿論北組ニ属スル部落民一同其他小鮎……数百名ノモノ大挙シテ云云』ト記載セリ従テ原判決ニ依リテ之ヲ見ルニ被告及其他ノモノカ集合シタル原因ハ総代湊角太郎ノ招集ニ基ケルモノニシテ被告等部落民ノ自発的目的ノ為メニアラサルヲ認メタルヤ明カナリ而シテ被告其他ノ部落民ノ玉田良雄方ニ押寄セタルハ畢竟該席上ニ於ケル歩一税等ニ関スル話題其動機ヲ為シタルハ原判決ニ依リ明カナリト雖モ之唯多衆押寄ノ動機ヲ作リタリト云フニ過キスシテ被告其他ノ押寄行為ハ同一目的ノ為メニ出テタルモノナルコトヲ説明シタルモノト云フヲ得ス」「然ラハ原判決ハ即チ騒擾罪ニ必要ナル共同目的ノ存在ヲ指摘セサル違法アルモノニシテ要スルニ原判決ハ理由不備ノ違法アリト云ハサルヘカラス」

（判旨）「苟モ多衆聚合シテ暴行又ハ脅迫ヲ為シタルトキハ刑法第百六条ノ騒擾罪ハ成立スルモノニシテ共同目的ノ有無ハ該犯罪ノ成立ニ何等ノ影響アルモノニアラス故ニ原判決ニ多衆聚合シテ暴行ヲ為シタル事実ヲ明示シアル以上ハ共同目的ノ有無ニ付キ何等ノ判示ナキモ理由不備ノ違法アリト云フヲ得サルヲ以テ本論旨ハ上告ノ理由ナシ」（大判明四五・六・四刑録一八・八一五）。

【22】（上告理由）「騒擾ノ罪ハ多衆聚合シテ暴行又ハ脅迫ヲ為スニ因リテ成立ス而シテ刑法第百六条ハ其罪状ノ程度ニ依リテ刑ニ軽重ノ区別ヲ為シタルニ過キス主魁者ト雖モ指揮者ト雖モ助勢者ト雖モ附和随行

者ト雖モ其騒擾罪タルニ於テ異ナル所ナシ果シテ然ラハ相互ノ間共通ノ意思ヲ以テ干与シタル事実ヲ認定スルニ非サレハ本罪ハ決シテ成立スヘキモノニ非ス」

（判旨）「刑法第百六条ノ騒擾罪ハ多衆カ聚合シテ暴行又ハ脅迫ヲ為スニ因リテ成立スルヲ以テ其主魁者、指揮者若クハ助勢者又ハ附和随行者ノ相互間ニ共通スル一定ノ意思ノ存在ヲ必要トセス各自騒擾行為ニ加担スル意思ニ因リテ行動スルヲ以テ足ル故ニ原判決ニ於テ被告ノ行為ニ付キ右犯意アリタルコトヲ認定シアル以上ハ所論ノ事実ヲ判示セサルモ違法ニ非ス但シ本院従来ノ判例ニ所謂共同ノ意思トハ共同シテ騒擾行為ヲ為スノ意思ヲ謂フモノニシテ多衆ノ間ニ右意思ノ存在ヲ要スト判示セルハ多衆ノ間ニ一定ノ意思ノ共通アルコトヲ必要トセル趣旨ニ非ス故ニ前掲説明ハ従来ノ判例ニ反スルモノニ非ス本論旨ハ理由ナシ」（大判大二・一〇・三刑録一九・九一二、前出【19】と同一判例）。

すなわち、多衆の間に「共同シテ騒擾行為ヲ為ス」という意思が存在することを必要とするが（【22】）、その多衆が聚合する場合に「当初ヨリ暴行脅迫ヲ為スノ目的ヲ以テ」することを必要としないのであり（前出【20】、なお、前出【10】）、共同の目的の有無も犯罪の成立に影響がない（【21】）というのであるが、すでに述べたような群集犯罪としての騒擾罪の特質から考えて、妥当な解釈というべきであろう。ただ、次の判例は、今日そのまま無条件に妥当なものというには問題があろう。

【23】（上告理由）「本件被告人ハ自己ノ利害ヲ顧ミス専ラ岸和田紡績株式会社職工ノ生活改善労働条件ノ向上ヲノミ計ラントセルモノナリ最近ニ於ケル金融恐慌ノ結果産業合理化ノ名ノ下ニ労働者階級ノ生活ハ日ト共ニ強圧的ニ悪化セシメラレ殺人的ナ水準ニ迄押シ下ケラレテイル此ノ時ニアタリ岸和田紡績ニ於テ昭和五年二月ヨリ同年四月迄ノ間ニ約四回ニ亘リ賃銀約二割ノ減額ヲナシタルハ事実ニ於テ生活シ得サル程度ノ待遇ヲ強圧的ニ押シツケタルモノト言ハサルヘカラスカカル場合ニ現在我国ノ法制ノ下ニ於テハ労働者階

級トシテハ法律上之カ救援ヲ求ムルノ道ナキ現状ニアリ玆ニ於テ労働者ノ唯一ノ道ハ団体ノ力ヲ以テ交渉スルコトトナリカクテ労働組合ナル組織ニ結果サルルモノナレハ労働組合ハ労働者カ生活ヲ維持シソノ将来ヲ保証スル唯一ノ機関ナリ夫故ニ労働組合ノ存在自体ハ合法的ナ存在ナリト言ハサルヘカラス更ニ只単ニ組合ナル機関ノ存在ノミニ依リテハ労働者ノ生活ハ保証改善サルルモノニ非スソノタメニハ組合ナル機関ニ依リテ大衆的行動ニ訴ヘルハ之亦止ムヲ得サル当然ノ帰結ナリ従ツテ本件ノ如ク労働組合ノ大衆ヲ動員シテ大衆的ニ生活改善要求ノ貫徹ヲ期スルハ全ク当然ノコトナリカクノ如ク労働組合ノ大衆ヲ動員シテノ示威運動乃至ハ器物毀棄等ハ社会観念上当然ノ事トシテ認メラレ居ルモノナリコノコトハ現行法ヲ正面ヨリ解釈スルトキハ極メテ荒唐無稽ノ立論ノ如ク見エンモ資本家ノ側ヨリスル賃銀値下首馘リ等ニヨル労働者ニ対スル抑圧……事実ニ於テハ労働者ニ対シテハ現在テハ傷害殺人ニ等シキ苦痛ヲ与フルモノ……ニ対シテハ何等ノ処罰ヲモ科セラレサルニ反シ一時ニ数百名ニ対シカカル苦痛ヲ与フル横暴ナ資本家ニ対スル労働者ノ単ナル脅迫スラ厳罰ニ処セラルル如キ現行法ノ解釈ヲ社会事実ニ適応セルモノタラシメルタメニハ当然ノコトナリカクテ本件ノ如キ場合ニ就イテ審按スル際ニハ多数聚合シテ暴行脅迫ヲナシタルノミノ事実ヲ認メテ直チニ騒擾罪ヲ以テ遇スルハ失当ナリト言ハサル可カラス本件ノ如キハ多数聚合セルト雖ソノ多数ハ労働組合員ニシテ目的ナク集合セル烏合ノ衆ニ非ス全ク合法的合理的ナ目的ヲ持ツ労働組合ノ組合員ニシテ不法不当ナル集団ニ非サルモノナリ従テ寧ロ各個人ニツキ観察シ各個ニツキ暴行罪脅迫罪若クハ器物毀棄罪乃至ハソノ従犯ヲ以テ問擬スヘキモノニシテ此ノ点ノミヨリ見ルモ原判決ハ法律ノ適用ヲ甚シク誤リタルモノト言ハサルヘカラス」

（判旨）「苟モ多衆聚合シテ共ニ暴行脅迫ヲ為シタル以上騒擾罪ハ之ニ依リ成立スヘク其ノ集団ノ性質並其ノ行為ニ出テタル動機目的ノ如何ハ毫モ同罪ノ成立ニ消長ヲ及ホスヘキモノニ非スサレハ本件被告人等ノ行動カ合法的且合理的存在タル労働組合ノ組合員トシテ労働者ノ生活改善要求貫徹ヲ期スル為資本家ニ対抗

スル目的ニ出テタルモノナリトノ理由ニ依リ被告人等多衆聚合シテ為シタル暴行脅迫ヲ以テ騒擾罪ヲ構成スルモノニ非スト為ス所論ハ当ラス論旨理由ナシ」（大判昭六・一二・一七新聞三三八六・一三）。

右の判例の上告理由に展開された理論は、今日では、法律家の常識に属するところと言ってよいであろうが、この判決は、そのことが当時の法律を「正面ヨリ解釈スルトキハ、極メテ荒唐無稽ノ立論ノ如ク見エ」た時代のものである。したがって、今日、右の判旨も無条件に妥当なものとすることはできない。

もちろん、騒擾罪の規定の正しい解釈・適用の結論として、多衆聚合して暴行脅迫を為したるものとせられる場合に、騒擾罪の成立することは言うまでもない。しかし、その解釈・適用に当っては、その集団の性質並びにその行為に出た動機目的の如何も十分考慮すべきであろう。「なお戦後のわが国では、労働争議関係の集団暴力事件については騒擾罪の規定は適用されていないが、少くともわが国の現状においては、通常の場合は、その暴行脅迫が一地方の静謐を害するおそれがないものとして、騒擾罪の成立を否定することが妥当である」（武安・前掲四〇頁）、といってよいであろう。しかし、これは、ひとり労働争議関係の事件に限らない。騒擾罪は多数人の集合を要素とするものであるが、集会の自由は、表現の自由との結合においてはもちろんのこと、それ自体としても憲法によって保障されている（憲二一条）。したがって、騒擾罪の規定の解釈・適用に当っては、その点を十分考慮して慎重でなくてはならないであろう（団藤・各論一〇四頁、なお、下村「平事件判決と騒擾罪」法学セミナー五九号五〇頁所掲の諸家の見解、伊藤正己「平事件最高裁判決をきいて」ジュリスト二一八号二四頁以下、等参照）。

（三）　騒擾罪と内乱罪

右に述べたように、判例【23】が「苟モ多衆聚合シテ共ニ暴行脅迫ヲ為シタル以上、騒擾罪ハ之ニ依リ成立スベク、其ノ集団ノ性質並其ノ行為ニ出デタル動機目的ノ如何ハ毫モ同罪ノ成立ニ消長ヲ及ボスベキモノニ非ズ」としていることには、問題がない訳ではないが、これと関連して、特に内乱罪との関係において、次の判例が注意されなければならないであろう。

【24】（事実）「大正八年三月一日以降朝鮮各地に於て朝鮮独立の示威運動起り京畿道水原郡長安面及雨汀面に於ても同年四月二日夜面内各所の山に焚火を為し独立万歳を唱え示威運動を為したるの時に当り被告車炳漢同車炳赫も亦朝鮮の独立を希望し示威運動の方法として多衆集合して長安面並雨汀面事務所及雨汀面花樹警察官駐在所を襲撃せんとし四月三日午前中自ら又は人をして即時長安面事務所に棒を携へ集合すべきことを面民に通達し置き先づ長安面事務所に赴き面長たる被告金賢黙に対し速かに事務を止め出でて事を共にすべきことを勧誘して同意せしめ被告車喜植、張留鎮、金興植、張済真は前示集合すべき旨の通達に接し更に自ら又は人をして同様の趣旨の面民に通達し前記被告を合せ二百余の群衆多くは棒を携へて長安面事務所に集合したるより面長たる被告金賢黙は群衆に対し朝鮮独立の目的を達するには決死以て事に当らざるべからざる旨の演説を為して群衆を激励し群衆は直に独立万歳を唱へ棍棒又は石を以て同面事務所の一部を破壊し且同事務所備付の書類什器を毀棄し尋で附近双方山に登りて盛に独立万歳を連呼し尚前記通達に応じ参集したる群集を加へ千余名の大集団となり午後三時頃進んで雨汀面事務所に殺到し前同様の方法にて同事務所の一部を破壊し且同事務所備付の書類什器を毀棄し閑角里を経て花樹里に向ひ午後五時頃同里所在花樹警察官駐在所に至りたる際には群衆増加して二千余名に達し該群衆は石を投じ又は棍棒を振い暴行を為したる末火を放ちて同駐在所建物を焼燬し同所在勤巡査川端豊太郎を棍棒又は石を以て惨殺し被告車炳漢、車炳赫は其首魁となり被告金賢黙、車喜植、張留鎮、金興植、張済真は或は群衆を指揮し或は率先して勢を助け且前示暴行の幾部を為し其他の被告は孰れも前示暴行の幾部を敢行し附和随行したるものなり」

（判旨）「凡そ内乱罪は政府を顛覆し又は邦土を僭窃し其他朝憲を紊乱することを目的として暴動を為すに依りて成立するが故に、暴動を為すことあるも叙上の目的を達する手段として行ひたるに非ざるときは内乱罪を構成することなし然るに前示被告等の行為は朝鮮の独立を希望するに出で朝憲を紊乱するの目的を有したるものなること明かなりと雖朝鮮各地に起りたる例に倣ひ朝鮮人として朝鮮独立の希望の熾烈なることを世上に発表する手段として為したるに過ぎずして、之を以て直に朝鮮独立の目的を達するの手段として実行したるものに非ず、即ち最初より単に長安面竝雨汀面事務所及花樹警察官駐在所を襲挙し其事務を執行することを得ざらしむるを以て示威運動の方法と為したるに止まり別に朝鮮独立の目的を達する手段として為したるものに非ざるが故に騒擾罪を構成するも内乱罪を構成することなし、去れば本件は高等法院の特別権限に属するものに非ずと雖然れども前示被告等の行為は騒擾罪を構成し刑法第百六条を適用して処分すべきものにして地方法院の権限に属するものなるを以て刑事訴訟法第三百十五条に則り京城地方法院を本件の管轄裁判所と指定し事件を同法院に送致するを相当とし主文の如く決定するものなり」（朝鮮高決大九・三・二二新聞一六八七・一三）。

【25】「又内乱罪は政府を顛覆し又は邦土を僭窃し其他朝憲を紊乱することを目的として暴動を為すに依りて成立するが故に暴動を為すことあるも叙上の目的を達する手段として行ひたるに非ざるときは内乱罪を構成することなし、然るに前示第二に掲記する遂安憲兵分隊事務室に押寄せたる行為の如きは朝鮮の独立を希望するに出で朝憲を紊乱するの目的を有したるものなること明なりと雖朝鮮各地に起りたる例に倣ひ朝鮮人として朝鮮独立の希望の熾烈なることを世上に発表する手段として為したるに過ぎずして之を以て直に朝鮮独立の目的を達するの手段として実行したるものに非ず、即ち最初より単に多衆聚合して独立万歳を高唱し遂安憲兵分隊の退去を強要するを以て示威運動の方法と為したるに止まり別に朝鮮独立の目的を達するの手段として為したるものに非ざるが故に騒擾罪を構成することあるも内乱罪を構成することなし」（朝鮮高等法院特別刑事部決定大九・三・二二新聞一六七八・一七、【24】と別事件。なお、同旨、朝鮮高特決大九・三・二二新聞一六七九・二〇）。

すなわち、次の判例もいうように、判例は、内乱罪における朝憲紊乱の目的ということを、これを直接の目的とすることというように、かなり厳格に解しているため、実際上、ドイツ刑法にいわゆる「暴動罪」(Aufruhr)(Schönke-Schröder, StGB. 9. Aufl. S. 541 ff., 532 ff.; Schlesinger, Der Aufruhr, 1904, S. 47 ff., 66 ff.; Maurach, Deutsches Strafrecht, Bes. Teil, 3. Aufl. S. 563 ff.; Liszt-Schmidt, Lehrbuch, 25. Aufl. S. 793, 789 ff.; Binding, Lehrbuch, Bes. Teil, 2. Bd. 2. Abt. 1905, S. 803 ff. Hippel, Lehrbuch, S. 300 f., 296 ff. 等参照)に当る場合が、わが刑法の解釈としては、多くは「騒擾罪」を構成するものとせられていることに、注意しなければならないであろう。

【26】「刑法第七十七条ニ所謂朝憲ヲ紊乱スルトハ国家ノ政治的基本組織ヲ不法ニ破壊スルコトヲ謂ヒ政府ノ顛覆邦土ノ僭窃ノ如キ其ノ例示的規定ナリト解スヘク従テ政府ノ顛覆トハ行政組織ノ中枢タル内閣制度ヲ不法ニ破壊スル如キコトヲ指称スルモノト解スルヲ相当トス而シテ集団的ノ暴動行為アルモ之ニ因リ直接ニ朝憲紊乱ノ事態ヲ惹起スルコトヲ目的トスルニ非スシテ之ヲ縁由トシテ新ニ発生スルコトアルヘキ他ノ暴動ニ因リ朝憲ヲ紊乱スル事態ノ現出ヲ期スルカ如キハ之ヲ以テ朝憲ヲ紊乱スルコトヲ目的トシテ集団的暴動ヲ為シタルモノト称スルヲ得ス原判示ニ依レハ海軍中尉古賀清志同中村義雄等ハ夙ニ国家革新ノ志ヲ抱懐シ我国現下ノ状勢ヲ目シテ政治経済共ニ行詰リ政党財閥特権階級互ニ相詰託シ国政ヲ紊リ国民ヲ極度ニ圧迫シ殊ニ最近ニ於ケル支配階級ノ堕落ハ到底傍観ヲ許ササルモノアリト為シ非常手段ニ依リテ支配階級ニ一撃ヲ加ヘ其ノ反省覚醒ヲ促スト共ニ国家革新ノ機運ヲ醸成センコトヲ期シ予テ同志海軍中尉三上卓同山岸宏海軍少尉村山格之予備海軍少尉黒岩勇ト共ニ同志ヲ糾合シテ一斉集団的ニ爆弾拳銃等ヲ使用シテ直接行動ニ訴ヘ以テ右素志ヲ貫徹センコトヲ企図シ橘孝三郎一派ノ民間側同志陸軍士官候補生等海軍部外ノ同志ヲ獲得スルト共ニ全同志ノ中心トナリ帝都ノ治安ヲ擾乱スル意図ノ下ニ海軍将校陸軍士官候補生等一九名ハ四組ニ分レテ首相官邸内大臣官邸政友会本部警視庁大銀行等ヲ手榴弾及拳銃ヲ以テ襲撃シ以テ内閣総理大臣犬養毅ヲ殺害シ右襲撃ヲ阻止スル者ハ之ヲ射殺スヘク又民間側同志ハ右行動ト相呼応シテ東京市内外所在ノ変電所数箇

所ヲ夫々手榴弾ヲ以テ襲撃シ帝都ノ暗黒化ヲ図ルヘク尚川崎長光ハ右機会ニ乗シ従来古賀清志等ノ計画遂行ヲ防害スルノ疑アル西田税ヲ暗殺スヘキコトヲ決定シ因テ以テ国家革新ノ為ノ捨石タランコトヲ期シ本件犯行ヲ敢行シタルモノニシテ支配階級ニ一撃ヲ加ヘ其ノ反省覚醒ヲ促スト共ニ国家革新ノ機運ヲ醸成センコトヲ期スルカ如キ国家革新ノ為メ捨石タランコトヲ期スルカ如キ本件行為ハ議会制度ノ否認内閣制度ノ変革其ノ他国家ノ政治的基本組織ノ破壊ヲ直接企図シタルモノニハ非スシテ之ヲ機運トシテ新ニ発生スルコトアルヘキ他ノ暴動ニ依リ斯ル事態ノ現出ヲ予想シタルモノニ外ナラス要スルニ以上ノ事実ニ依レハ古賀清志等ハ本件ノ集団的暴動行為ニ際シテハ未タ直接ニ朝憲ヲ紊乱スルコトヲ目的トシタルモノト認ムルコトヲ得サルモノトス」「又首相ヲ斃スカ如キハ場合ニヨリ率イテ内閣ノ瓦解ヲ来ス虞レナキニハ非サルモ是只内閣閣員ノ更迭ヲ来タスノミニシテ内閣制度ヲ根本的ニ破壊スルモノニ非サレハ未タ之ヲ以テ刑法第七十七条ニ所謂政府ヲ顛覆スル行為ナリト称スルヲ得ス又首相ノ殺害ヲ企図セル本件正犯ノ目的ハ戒厳令宣告ノ下ニ内閣ヲ更送シテ所謂軍政府ヲ樹立シ之ニ依テ諸政ノ刷新ヲ期シタリト云フニ在レトモ本件正犯ハ其ノ暴動行為ニ因リ直接ニ此等ノ状態ヲ惹起スルコトヲ目的トシタルニ在ラスシテ該正犯等ノ集団外ノ他ノ勢力ニ依リ斯ル状態ノ発生ヲ見ルコトアルヘシト予想シタルニ過キサルコト叙上説明ノ如クナルヲ以テ正犯等ノ本件暴動行為ハ刑法第七十七条ニ所謂政府ヲ顛覆スルノ目的ニ出テタルモノト為スコトヲ得サルモノトス要スルニ本件暴動ハ内乱罪ノ要素タル政府ヲ顛覆シ所謂朝憲ヲ紊乱スルコトノ目的ヲ具備スルモノト謂フヲ得サルモノトス」（大判昭一〇・一〇・二四刑集一四・一三六六。前出【1】参照。なお、同旨、大判昭一六・三・一五刑集二〇・二七五）。

ともあれ、内乱罪は右の判例のいうような意味で、朝憲紊乱の目的をもつてする暴動であるから、その目的のためには、多少とも組織化された集団が前提とされようが、騒擾罪は単に公共の平和が害されるような集団行動であればよいから、いわゆる烏合の衆であつてもよく、次の判例のいうように、首魁がなくても本罪は成立しうるのである。

【27】（上告理由）「騒擾罪ニ於テハ多数カ聚合シテ暴行脅迫ヲ為スモノナレハ之カ組織上主脳アリテ多数ノ行動ヲ統一スルモノナカルヘカラス刑法第百六条ニ於テモ第一号ニ首魁ヲ掲ケタリ首魁ナキ多数ノ暴行ハ一箇ノ犯罪トシテハ無意味ナレハ他ノ犯罪ニ該当スルハ格別騒擾罪ヲ構成セスト信ス然ラハ原判決ハ本件ニ付テハ首魁ヲ認メサルニ拘ラス騒擾罪ニ問擬シタルハ擬律ノ錯誤アル不法ノ裁判ナリト信ス」

（判旨）「騒擾罪ハ多衆カ共同ノ意思ヲ以テ共同シテ暴行又ハ脅迫ヲ為スニ因テ成立シ首魁アルト否トハ本罪ノ成立ニ何等ノ影響ヲ及ホスヘキモノニアラス故ニ原院カ本件騒擾ノ事実ニ付首魁アルコトヲ認メスシテ被告等ヲ騒擾罪ニ問擬シタルハ擬律ノ錯誤ニアラス」（大判大三・一〇・一九刑録二〇・一八八六）。

【28】（事実）原審確定の事実によれば、「昭和二三年四月二三日在日本朝鮮人連盟の各支部代表者数十名が朝鮮人学校閉鎖命令の撤回要求につき大阪府副知事大塚兼紀と、大阪府庁内で会見交渉中同府庁前大手前公園に集合し右交渉の結果を待つていた朝鮮人連盟各支部員、朝鮮人諸学校教職員、生徒、保護者等数千名のものが共産党員等の一部尖鋭分子から『吾々の敵は反動官僚の牙城たるあの大阪府庁である吾々は死を賭してあの府庁を乗り取ろうではないか』と激烈な語調で煽動されたため、同日午後三時三〇分頃、府庁舎内に押入り大衆の威力を以て府当局者を脅迫して閉鎖命令を撤回せしめる意図の下に、ワッショ々々々々と喚声をあげて、右大塚副知事の監守する同庁舎に殺到し、警察職員の制止があつたにも拘らず、正面玄関から続々と同庁舎内に侵入して一階から五階に到る各廊下及び階段の大部分を占拠し、同日午後八時頃まで、朝鮮独立歌を高唱する等喧騒を極めると共に、或る者は知事控室外数個所の扉等を破壊し、或る者は鎮圧又は拘束しようとした警察職員と掴み合つたり、殴つたり等してこれを多数負傷せしめ、よつて府庁内勤務員をして、或は恐怖の余り執務を中止せしめ、或は扉を閉して警戒に当らしめた程の騒擾行為をなしたものであるが、その際被告人等はいずれも閉鎖命令に反対して大手前公園に集り、交渉委員でも連絡委員でもない

のに、前記群集の意図を知りながら群集に従い、故なく府庁舎内に侵入すると共に、右騒擾行為に附和随行したものである」

（上告理由）「附和随行をうけた首魁或は指揮者又は卒先助勢者を欠除している尠くともそれらの者の存在或は行動が明確にされていない。従つて何等かの処罰が必要だという配慮だけで有罪としてはならない」

（判旨）「又原判決に、本件騒擾行為の首魁或は指揮者又は卒先助勢者が何人であるかを具体的に指名判示されていないことは所論の通りであるが、首魁その他のものの存否又は不明確というようなことは、判示被告人等の所為が本件騒擾行為に附和随行したものに該当することに何等の消長を来すべきではない」（最判昭二四・六・一六刑集三・七・一〇七一、【研究】福田・判例研究三巻三号六五頁）。

なお、次の判例は、旧刑法に関するものであるが（前述二の一の(三)参照）、同趣旨の判例として重要なものといえよう。

【29】「同第百三十七条ニハ兇徒多衆ヲ嘯聚シテ云云首魁及ヒ教唆者ハ重懲役ニ処ス其嘯聚ニ応シ煽動シテ勢ヲ助ケタルモノハ云云ト規定シアルヲ以テ其文義解釈上ヨリ云フトキハ多衆ヲ嘯聚シタル者並ニ其嘯聚ニ応シタル者アルヲ予想シ従テ兇徒聚衆罪ノ成立ニハ首魁ノ存在スルヲ必要トスルモノト解セラレサルニアラスト雖モ元来同条ノ規定ヲ設ケタル所以ノモノハ社会ノ静謐ヲ害スヘキ暴挙ヲ防止セントスルノ趣旨ニ在ルヲ以テ多衆相集リ暴動ヲ謀リ又ハ官庁ニ喧鬧シ官吏ニ強逼シ又ハ村市ヲ騒擾スル如キ暴動ヲ敢テシタル以上ハ其暴動カ首魁アリテ決行セラレタルト多衆相期セスシテ聚合シ共同ノ意思ヲ以テ右暴動行為ヲ為シタルトニ因リ之ニ対スル制裁ヲ異ニスヘキ理由毫モ存セス何トナレハ其社会ノ静謐ヲ害スル点ニ至リテハ其間寸毫ノ差異存セサレハナリ故ニ同条ハ多衆聚合シテ為シタル暴動ニシテ苟クモ社会ノ静謐ヲ害スヘキモノナル以上ハ首魁ノ有無ニ拘ハラス総テ之ヲ処罰スルノ法意ナリト解スルヲ至当トス蓋シ多衆ヲ嘯聚シ又ハ嘯聚ニ

応シトノ語ハ之ヲ多衆聚合シ又ハ其聚合ニ加入シトノ文意ニ外ナラスト解スルヲ最モ同条制定ノ趣旨ニ適シタルモノトス而シテ原院ハ本件被告等ハ明治四十年二月四日午前六時頃ヨリ通洞坑内三四区見張所ノ下方斜坑道ニ坑夫等多数集合スルヤ玆ニ暴動ヲ為スヘク蜂起シ同日午前八時過ヨリ二月六日午後十時マテノ間ニ数多ノ見張所見張鉱業所所属庶務課図書館倉庫役宅其他ノ建物ヲ破壊若クハ焼燬シ又ハ鉱業所長南挺三等数人ヲ殴打シテ創傷ヲ負ハシメ民家ノ戸障子ヲ毀壊シ暴動ヲ為シタル際右暴動ヲ煽動シテ助勢シタル事実ヲ認メ刑法第百三十七条ヲ適用処断シタルモノナレハ原判決ハ所論ノ如キ不法ノモノニアラス」（大判明四一・四・一四刑録一四・四〇八）。

三　暴行脅迫の意義

（一）　暴行・脅迫の概念　騒擾罪は、すでに引用した判例にも繰返し言われているように、いやしくも多衆聚合して共に暴行又は脅迫をなした以上、成立する。このうち「多衆聚合」の意義については、右に述べた。そこで、次に、その暴行・脅迫の意義が問題となる。

ところで、暴行・脅迫という言葉は、刑法上、諸種の場合に用いられているが、その意義は必ずしも一定せるものではなく、個々の犯罪の性質に従って、目的論的に概念の決定がなされなければならないことは言うまでもない。

(1)　暴行の概念　まず、暴行の概念については、普通、四種に区別して説明せられ（例えば、木村・各論一九頁、牧野・各論三一頁、団藤・各論二三七頁、植松・概論六〇〇頁・江家・各論二〇〇頁、なお、小野・新訂講義各論一六八頁、滝川・各論四〇頁は、三種に区別しておられるが、これは、やはり四種に区別して論ずる方が精確であろう）、

（イ）　最も広い意味において、暴行とは、いわゆる暴力の行使、すなわち不法な物理力の行使のすべての場合をいい、それが人に対すると物に対するとを問わない。

（ロ）　第二に、少し狭い意味においては、たとえば公務執行妨害罪（刑九五）におけるように、人に対

する直接間接の物理力の行使を意味し、この場合の暴行は人の身体に対して加えられるとその財物に対して加えられるとを問わないが、しかし、一定の人に対するものなることを必要とする。判例も「刑法第九十五条ニ所謂暴行トハ公務員ノ身体ニ対シ直接タルト間接タルトヲ問ハズ不法ニ攻撃ヲ加フルヲ云フ」（大判明四二・六・一〇刑録一五・七五七）とし、「公務員の職務の執行に当りその執行を妨害するに足る暴行を加えるものである以上、それが直接公務員の身体に対するものであると否とは問うところではない」（最判昭二六・三・二〇刑集五・五・七九五）としている。

（ハ）　第三に、更に狭い意味においては、傷害の罪の行為の内容たる暴行のように、それは人の身体に対する不法な有形力すなわち物理力の行使を意味する。そして、判例は、「刑法第二百八条第一項ニ所謂暴行トハ人ノ身体ニ対スル不法ナル一切ノ攻撃方法ヲ包含シ、其ノ暴行カ性質上、傷害ノ結果ヲ惹起スベキモノナルコトヲ要スルモノニ非ズ」（大判昭八・四・一五刑集一二・四三二）とし、また次のように判示している。

【30】　「暴行とは人に向って不法なる物理的勢力を発揮することで、その物理的力が人の身体に接触することは必要でない。例えば人に向つて石を投じ又は棒を打ち下せば仮令石や棒が相手方の身体に触れないでも暴行は成立する。群衆の中に棒を揮って飛込み暴れ廻われば人や物に衝らないでも暴行というに十分である。して見ると右暴行の結果石や棒が人の身体に衝りこれに傷を負わせることは、暴行の観念から離れ傷害の観念に移行包摂せられるものというべきである」（東京高判昭二五・六・一〇刑集三・二・二二三）。

（ニ）　第四に、最も狭い意味において、暴行とは、強盗罪におけるように、人の抵抗を抑圧する程度の有形力の行使をいう。この点について、判例は、「強盗ノ手段タル暴行ハ被害者ノ反抗ヲ抑圧スベキ行為ヲ謂フ」とし（大判大三・六・二四刑録二〇・一三三四）、「他人に暴行又は脅迫を加えて財物を奪取した場合に、それが恐喝罪となるか強盗罪となるかは、その暴行又は脅迫が、社会通念上一般に被害者の反抗を抑圧するに足る程度のものであるかどうかと云う客観的基準によつて決せられる」（最判昭二四・二・八刑集三・二・七七）としている。

それはともかく、騒擾罪における暴行は、右の（イ）の最も広い意義におけるものだとせられている（たとえば、木村・各論一九頁、牧野・各論三一頁、泉二・日本刑法論下巻一二五頁、宮本・大綱二八二頁、四二四頁、滝川・各論二一四頁、団藤・各論二三七頁）。

なお、暴行の概念について、判例には、これを直接、一般的に定義したものはないと言つてよいであろうが、右に引用した諸判例、とくに大判明四二・六・一〇、大判昭八・四・一五、東京高判昭二五・六・一〇、あるいは、「日本刀を突き付ける行為は、人の身体に対する不法な有形力を行使したものとして、暴行といいうる」（最判昭二八・二・一九刑集七・二・二八〇）とした判例などから考えて、大体、「不法な有形力」すなわち物理力の行使を暴行としているといつてよいであろう（学説の「暴行」の概念の定義のうちには、単に有形力の行使をいうとしたものがあるが、わたくしは「暴」行という言葉の普通の意味からしても、また、いわゆる実力の行使と暴力の行使を区別する上からしても、やはり「不法な」という要件は必要であると考える。小野・各論一六八頁、滝川・各論四〇頁、団藤・各論二三七頁、江家・各論二〇〇頁、等のほか、宮本・大綱二八三頁も同旨と解する）。判例が、騒擾罪における暴行をいかに解しているかについては、次節（三の（二））において見ることにしたい。

(2)　脅迫の概念　次に、脅迫の概念も刑法上、色々の意義に用いられているが、（イ）最も広い意味において、脅迫とは、恐怖心を生ぜしめる目的をもつて害悪を通知することであつて、害悪の内容、性質、程度の如何を問わず、通知の方法を区別せず、また、害悪の通知によって相手方が事実上恐怖したか否かを問わない。しかし、その他の場合には、(ロ)たとえば脅迫の罪(刑二二二・二二三)における脅迫のように、害悪の内容を一定することもあり、(ハ)強盗罪におけるように、相手方の抵抗を抑圧する程度の恐怖心を生ぜしめることを要することもあり、更には、(ニ)恐喝罪(刑二四七)におけるように、相手方の抵抗を抑圧する程度に至らない場合を意味することもある。そして、騒擾罪における脅迫は、これもその最も広い意義におけるものを意味するとせられている(木村・各論五一頁、牧野・各論三二頁、宮本・大綱四二五頁、滝川・各論二一四頁、井上・各論一七二頁、斎藤・各論八二頁、江家・各論二二二頁等)。判例が、騒擾罪における脅迫を、いかに解しているかについても、次節(三の(二))で見ることにしたい。

(二)　暴行脅迫の程度　騒擾罪における暴行の意義、および騒擾罪と他の罪名に触れる暴行脅迫、に関する判例としては、まず、次の平事件最高裁判決を挙げなければなるまい。

【31】(上告理由)「一、原判決は、建物の不法占拠が建物に対する暴行であるとする。判例は、屡々暴行概念を不当に拡張して来たが、特に公務執行妨害または労働争議に附随する暴行事案に関して、その傾向が顕著である。原判決はかかる悪弊を更に助長し、本来有形力の行使を中心とする概念に、規範的概念をもちこむことによって、殆ど極限にまでそれを拡大した。かかる不当な解釈は、罪刑法定主義の原則上到底許されないものであり、原判決は憲法第三一条に違反する。

二、仮に、建物の不法占拠が建物に対する暴行であり、騒擾罪にいう暴行にあたるとすれば、建造物に侵入しこれを占拠した行為は、すべて騒擾罪に吸収され、別個の建造物侵入罪を構成するものではない。原判決には、明白な理由のくいちがいがあるか、判決に影響を及ぼすべき法令の違反がある。原判決を破棄しなければ、著しく正義に反するといわねばならない。」

（判旨）「所論は、違憲をいう点もあるが、実質は、単なる法令違反の主張に帰し、刑訴四〇五条の上告理由に当らない。そして、当裁判所は、騒擾罪における暴行なる観念は、広義のものであつて、物に対する有形力の行使を含むものと解するを相当とし、従つて、原判決が建物の不法占拠又は不法侵入を騒擾罪における暴行に当るものとした判断を是認する。また、騒擾罪の成立要素である暴行、脅迫は、他の罪名に触れない程度のものであるをもつて足りるから、その暴行、脅迫が他の罪名に触れる場合には、この行為は一面騒擾罪を成立せしめると同時に他の罪名にも触れる旨の大審院判例（大正三年二月二四日大審院判決、同判決録二〇輯一九五頁以下、大正一一年一二月一一日同院判決、同判例集一巻七四一頁以下参照）を支持するから、原判決が本件騒擾の点と建造物侵入の点とを一個の行為で二個の罪名にふれる場合として刑法五四条一項前段一〇条を適用したのは正当であると認める（なお、大正八年五月二三日大審院判決、同判決録二五輯六七三頁以下参照）」（最判昭三五・一二・八刑集一四・一三・一八二九、前出【5】【11】と同一判例）。

右の判例の「建物の不法占拠又は不法侵入を騒擾罪における暴行に当るものとした判断」は、それ自身を一般化して考えると問題であるが、本件の事案に即して、「或は机の上に土足で上つている者も数人あり、廊下まで一杯溢れてワアワア怒鳴りながら騒ぎ」「更には棒で床を突鳴らすなどして労働歌を怒鳴つていた状況」（仙台高判昭三三・六・三〇一七・一判時一六六・三八）に照して考えれば、決して不当ではない。したがつて、問題は、騒擾罪の成立要素である暴行・脅迫の程度に関する第二の点であるが、まず、右の判例によつて支持された大審院の判例を見よう。

【32】（上告理由）「凡ソ騒擾罪ナルモノハ刑法第百六条ノ規定ニ照シテ明カナル如ク多衆聚合シテ暴行又ハ脅迫ヲ為スコトニ依リテ成立スルモノナレハ暴行又ハ脅迫ハ即チ騒擾行為ノ内容ヲ為スモノタルヤ亦言

ヲ俟タス果シテ然ラハ仮リニ被告カ判示ノ如ク暴力ニ訴ヘ建造物損壊ノ行為アリト為スモ這ハ騒擾罪ノ内容ニ過キサル行為ナレハ特ニ此行為ノミヲ分離シテ建造物損壊罪ニ問擬スルノ限リニアラス蓋シ暴行トハ人又ハ物ニ対スル不正ノ腕力ヲ意味スレハナリ」

（判旨）「人ニ対スル暴行脅迫及ヒ物ニ対スル暴行ハ固ヨリ孰レモ騒擾罪ヲ構成シ得ル行為タリ得ヘシト雖モ騒擾罪ノ成立要素トシテノ行為ハ他ノ罪名ニ触レサル程度ノ暴行若クハ脅迫ヲ以テ足レルカ故ニ若モ其暴行脅迫ニシテ他ノ罪名ニ触ルル場合ニ於テハ其行為ハ一面騒擾罪ヲ成立セシムルト同時ニ又他ノ罪名ニ触ルヘキモノトス従テ建造物損壊若クハ公務員ノ職務執行妨害ノ如キ暴行ハ必シモ当然ニ騒擾罪ニ包含セラルルモノニアラサルヲ以テ騒擾ノ方法トシテ此カル行為アラハ一行為数罪名ニ触ルルモノトスヘキハ当然ナリトス然レハ被告伊太郎及ヒ鹿三カ各本件騒擾行為トシテ建造物ヲ損壊シ被告千次カ同シク騒擾行為トシテ巡査ノ職務執行ヲ妨害シタル事実ヲ認定シテ孰レモ刑法第五十四条第一項ニ依リ重キ騒擾罪ニ付キ処断シタル原判決ハ正当ニシテ擬律錯誤ノ不法アルコトナシ」（大判大三・二・二四 刑録二〇・一九五）。

【33】「被告等ハ首魁ト為リ多衆ヲ集合統率シ数人ニ対シテ暴行又ハ脅迫ヲ為シ騒擾ノ罪ヲ犯シタリト云フニ在リ其騒擾罪ノ見地ヨリ論スレハ暴行脅迫ノ所為ハ数箇ナレトモ右ハ騒擾罪ヲ構成スル包括的一箇ノ行為タルニ過キス而カモ他ノ一面ノ観察ニ於テ暴行脅迫ノ所為カ連続セル住居侵入罪又ハ恐喝罪ニ触ルルトキハ該罪ニ付キ刑法第五十五条ヲ適用スルヲ妨ケス而シテ多衆ノ集合ニ依ル暴行脅迫ヲ以テ構成スル包括的一箇ノ行為カ一面ニ於テ騒擾罪ニ該リ他面ニ於テ連続セル住居侵入及ヒ恐喝ノ罪又ハ単一ノ殺人罪ニ触ルル場合ニ於テ刑法第五十四条第一項前段第十条ニ依リ処断スルハ相当ナリ原判決ノ擬律ハ上叙見解ト同一ニ出テ所論ノ如キ違法アルコトナケレハ本論旨ハ理由ナシ」（大判大八・五・二三 刑録二五・六七六）。

【34】（上告理由）「原判決ハ上告人民治、喜兵衛ノ両名ニ対シ騒擾罪ト邸宅侵入罪ヲ認メ尚民治ニ対シテハ公務執行妨害罪ヲモ認メタリ然レトモ騒擾罪ト家宅侵入罪並ニ公務執行妨害罪トハ全ク別個ノ犯罪ニシ

テ刑法第五十四条第一項前段ノ適用ヲ受クヘキモノニ非ス而モ本件起訴状ヲ見ルニ家宅侵入罪並ニ公務執行妨害罪ニ対スル公訴ノ提起ナキヲ以テ右所為ヲ認メテ刑法第九十五条第百三十条ヲ適用シタルハ違法ニシテ破毀ヲ免レサルモノト信ス」

（判旨）「騒擾罪ハ多衆共同シテ暴行又ハ脅迫ヲ為スニ依リ成立スルモノニシテ其ノ成立要素タル行為ハ他ノ罪名ニ触レサル程度ノ暴行脅迫ナルヲ以テ足レリト為スカ故ニ若シ其ノ暴行脅迫ニシテ他ノ罪名ニ触ルル場合ニ於テハ其ノ行為ハ騒擾罪ヲ成立セシムルト同時ニ他ノ罪名ニ触ルルモノトス是レ当院ノ判例トシテ夙ニ示ス所ナリ被告人民治、喜兵衛ノ判示騒擾邸宅侵入公務執行妨害行為（被告人民治ノミ）ハ右判例ノ趣旨ニ従ヒ一個ノ行為ニシテ数個ノ罪名ニ触ルルモノナルヲ以テ原審ニ於テ本件起訴状ニ記載ナキ邸宅侵入公務執行妨害行為ニ付審理ヲ遂ケ刑法第五十四条第一項前段ヲ適用シ上記被告人両名ヲ処断シタルハ正当ナリ論旨ハ理由ナシ」（大判大一二・一二・一一刑集一・七四四）。

たしかに、騒擾罪の成立要素である暴行・脅迫は、他の罪名に触れない程度のもので足りると解するかぎり、判例のいうような結論になるであろう。しかし、問題は、そのように解することが果して妥当か、ということにある。そして、この点については、「騒擾罪は抽象的危険犯か具体的危険犯か」について述べたところ（前述二の一の(四)）を参照されたいが、結論的に言って、前出【14】の平事件第二審判決もいうように、「騒擾罪が一地方における公共の平和、静謐をその保護法益とする本質に鑑み、多衆の暴行脅迫が相当の程度に達し、一地方における公共の平和、静謐を害する危険性を帯びるに至る程度のものであることを要するものと解する」のが妥当である。そして、それが、今日わが国の通説といってよいであろう。

それはともかく、判例は、すでに見たような基本的見地から、以下の諸判例の示すように、騒擾罪と建造物損壊（前出【32】のほか、後出【35】）・公務執行妨害（前出【32】【34】のほか、後出【36】【37】。なお、前出【10】参照）・住居侵入（前出【2】【28】【31】【33】【34】のほか、後出【38】）・殺人（前出【33】のほか、後出【39】）・恐喝（前出【33】のほか、後出【38】【40】）・強盗（後出【38】）などとの間に想像的競合を認めている。

(1)　建造物損壊行為と騒擾罪

【35】（上告理由）「原判決ハ其事実理由中上告人治三郎ハ数百名ノ群集ニ加ハリ米穀商高城健太郎方ニ殺到シ杉丸太ヲ振ツテ同家居宅ノ家屋廂其他ヲ破壊シ以テ多衆ニ率先シテ其勢ヲ助ケタル旨判示シ右所為ニ対シ刑法第百六条第二号同第二百六十条第五十四条第一項前段ヲ適用シタリ然レトモ騒擾罪ハ多衆聚合シテ暴行又ハ脅迫ヲ為ス罪ニシテ右暴行中ニハ直接人ニ対スル暴行物ニ対スル暴行ヲ包含スルコト勿論ニシテ従テ建造物ヲ損壊スルカ如キ当然右騒擾罪ニ包含シ特ニ建造物損壊罪ヲ構成セサルコト強盗罪ノ外ニ暴行又ハ脅迫ノ罪ヲ成立セサルニ等シ然ラハ則チ原判決カ上告人ノ前示所為ニ対シ刑法第百六条第二号ノ外同二百六十条ヲ適用シタルハ違法ナリト信ス」

（判旨）「建造物損壊ノ行為ハ仮令騒擾ノ際行ハレタリトスルモ騒擾罪ノ構成要素ヲ為スモノニアラスシテ別箇独立ノ罪名ニ触ルルモノナレハ原判決カ所論被告等ノ行為ヲ一箇ニシテ騒擾及建造物損壊ノ二箇ノ罪名ニ触ルルモノト為シ刑法第百六条第二号同第二百六十条第五十四条第一項等ヲ適用処分シタルハ正当ナルヲ以テ本論旨ハ上告ノ理由ナシ」（大判大八・二・六刑録二五・九一）。

後に述べるように（(6)参照）、判旨には従い難い。

(2)　騒擾罪と公務執行妨害罪

【36】「原判決ノ認定スル事実ニ依レハ同被告等ハ何レモ判示村会議場ニ於テ暴行脅迫ヲ共ニシタル事実

ナキカ故ニ右被告両名ニ対シ公務執行妨害ノ実行正犯タル罪責ヲ科スルハ当ラス寧ロ同被告等ノ行為ハ一面判示騒擾罪ノ首魁タルト同時ニ他面判示公務執行妨害ノ教唆罪ヲ以テ論スルヲ正当ト認ム然ラハ原判決カ右被告等ノ行為ニ対シ刑法第百六条第一号第九十五条第一項第五十四条第一項前段第十条ヲ適用処断シタルハ所論ノ如ク擬律錯誤ノ不法アルモノニシテ論旨ハ結局其ノ理由アルニ帰シ原判決中被告九右衛門及弥三兵衛ニ関スル部分ハ破毀ヲ免レサルモノトス」（大判昭二・七・八刑集六・二五九）。

【37】（上告理由）「所謂騒擾罪ハ多数聚合シテ暴行又ハ脅迫ヲ為スニ因テ成立スルモノニシテ多数者ノ集合ニ於ケル暴行又ハ脅迫自体ヲ処罰スルニ在リ即チ騒擾罪ニ於ケル暴行又ハ脅迫ハ他ノ犯罪ノ手段タラサル場合ニ限ル故ニ若シ多数者ノ暴行又ハ脅迫ニシテ他ノ犯罪ノ手段タル場合ニ於テハ所謂他ノ犯罪中ニ包含セラルルモノニシテ決シテ騒擾罪ヲ構成セラルルモノニアラス例ヘハ朝憲ヲ紊乱スル為メ多数者カ暴行又ハ脅迫ヲ為シタルトキハ其暴行脅迫ハ内乱罪ノ手段タルニ止マリ決シテ別ニ騒擾罪ヲ構成スルモノニアラサルカ如シ今原判決ニ認定シタル事実ニ見ルニ『被告六名ハ孰レモ……区有山林ノ一部ヲ売却シ其代金ヲ以テ区ノ負債償却並ニ区ノ費用基金ニ充テ其残余山林ヲ一般区民ニ分割セン事ヲ望ミ居リタル所同区ニ於テハ多年区有山林ノ立木ヲ競売シ其代金ヲ以テ区ノ経費ヲ支弁シ来リタルヨリ明治四十四年二月二十七日区長尾上嘉一郎ハ他ノ区会議員ト立会ノ上……法雲寺ニ於テ右立木ヲ競売セント為シタレハ被告六名ハ此機ヲ利用シ同志ノ多数ヲ集合シ共ニ其勢ヲ藉リ区会議員等ニ対シ暴行又ハ脅迫ヲ加ヘ以テ自己ノ主張ヲ入レシメンコトヲ謀リ同日同寺ニ他ノ百数十名ト共ニ集合シ嘉一郎及ヒ他ノ区会議員カ右競売ノ為メ同寺ニ臨ムヤ被告長太郎ハ起テ競売ノ件ハ之ヲ捨テ置キ先ツ区有山林ヲ売却シ負債償却ノ道ヲ講セヨト要求シ……被告善次郎源一郎等ハ続キテ同日夜直チニ被告長太郎ノ右提案ヲ可決スヘシト迫リタルヨリ区会議員等ハ止ムヲ得ス明日区民ノ総集会ヲ開クヘキコトヲ約シテ区会議員等ノ大部分ハ立去リタル所被告長太郎源一郎善次郎ハ多数ノ区民ニ対シ其主張ヲ貫カント欲セハ区長区会議員等ヲ殴クル位ノ勢ヲ示セト云ヒテ指揮シ置キタリ而シテ翌二十

八日区民百数十名前記法雲寺ニ集合シタルヨリ同日午後二時頃嘉一郎及ヒ他ノ区会議員等来場シ嘉一郎ニ於テ総集会ノ規約トシテ集会者カ戸主ニ限ル事、集会時間ハ午前八時頃ヨリ午後五時頃迄ト為ス事、弁当ハ各自携帯ノ事ニスヘシト述フルヤ被告源一郎ハ先ツ之ニ異議ヲ唱ヘ殴レト云フテ立上リ之ト同時ニ被告善次郎長太郎モ立上リタレハ他ノ多数ノ区民ハ右被告三名ノ前示指揮ノ趣旨ニ従ヒ一斉ニ立上リ殴レ殴レト呼号シ鬨声ヲ揚ケテ区会議員等ノ座席ニ闖入シ来リタルヨリ嘉一郎ヲ始メ区会議員ハ之ニ怖レテ場外ニ逃ケ去リタリ……』トアリテ被告等六名ノ所為ハ刑法第九十五条ニ所謂『公務員ノ職務ヲ執行スルニ当リ之ニ対シテ暴行又ハ脅迫ヲ加ヘタルモノ』『公務員ヲシテ或処分ヲ為サシメ若クハ為ササラシムル為メ……暴行又ハ脅迫ヲ加ヘタルモノ……』トアルニ該当ス即チ被告等ノ目的ハ区長及ヒ区会議員等ヲシテ此等公務員ノ為サントスル競売行為ヲ妨ケ或ハ是等公務員ノ肯セサル負債償却及ヒ山林分配等ノ行為ヲ為サシメントスルニ在リテ所謂公務ノ執行ヲ妨害スル罪ニ該当ス被告等ハ此目的ヲ達スル為ニ多数ノ集合ヲ為シ騒擾ヲ為シタルモノニ過キス果シテ然ラハ本件被告等ノ騒擾行為ハ公務ノ執行ヲ妨害スル罪ノ手段タルニ過キサルカ故ニ前掲ノ原則ニ照シ決シテ騒擾罪ヲ構成スル筋合ノモノニ非ス此点ニ於テ原判決ハ擬律ノ錯誤アル違法ノ裁判ナリ」

（判旨）　「原判決認定ノ事実ハ本論旨引用ノ如クニシテ騒擾罪ヲ構成スルニ足ルヘキモノナルカ故ニ仮令所論ノ如ク被告ノ所為カ区会議員等ノ職務執行ヲ妨害セントスル手段トシテ行ハレ公務執行妨害罪ニ問擬シ得ヘキモノトスルモ一ノ犯罪行為カ他ノ犯罪ノ手段タル場合ト雖モ苟クモ其事実ヲ認ムル以上ハ之ヲ不問ニ付スヘカラサル筋合ナルヲ以テ原院カ右ノ事実ヲ認メ之ニ対シ刑法第百六条ヲ適用シタルハ相当ニシテ論旨ハ理由ナシ」（大判明四五・七・五刑録一八・一〇〇〇）。

右の判例【37】の上告理由は、大場博士の説によったものと思われる（大場「騒擾罪ヲ論ス」法学新報二〇巻六号四一頁以下）。博士は「騒擾罪ト暴行又ハ脅迫ヲ手段トスル他ノ犯罪」の関係について、次のように論ぜられている。

「多衆人ノ合同力ニ依リ暴行ヲ為スノ犯罪ヲ以テ悉ク騒擾罪ナリト為スカ如キハ此罪ノ性質ヲ了解セサルモノト謂ハサル可ラス騒擾ニ於ケル暴行又ハ脅迫ハ他ノ罪ヲ犯ス手段タラサル場合ニ限ル若シ多衆人ノ共同力ニ依ル暴行又ハ脅迫ニシテ他ノ犯罪ノ手段タリシ場合ニハ其暴行又ハ脅迫ハ其罪ノ観念中ニ包含セラルヘキモノニシテ其罪ト騒擾罪ト二個ノ罪名ニ該当スルモノト謂フヲ得ス恰モ暴行又ハ脅迫カ財物盗取ノ手段タル場合ニ於テハ暴行ノ罪（傷害罪）又ハ脅迫罪ト強盗罪トノ二個ノ罪名ニ触ルルモノニ非スシテ単ニ強盗罪ノミヲ構成スルト其理ヲ等ウス……（中略）之ト同一理ニテ朝憲ヲ紊乱スル為メ多衆人ノ合同力ニ依リ暴行又ハ脅迫ヲ為ストキモ亦其暴行又ハ脅迫ハ内乱罪ノ手段ニ過キサルヲ以テ独リ内乱罪ノミヲ構成スヘク其手段タル暴行又ハ脅迫ノ点ニ付独立シタル一罪ヲ構成スルモノニ非ス……（中略）而シテ斯ノ如ク解釈シテ始メテ理路ノ一貫ヲ期スルヲ得ヘシ多衆人ノ合同力ヲ以テ為シタル暴行又ハ脅迫ニシテ他ノ罪ヲ犯スノ手段タラサリシ場合ハ総テ騒擾罪ヲ構成スルモノニシテ行為者カ之ニ依テ遂ケントスル目的如何ハ之ヲ問フ所ニ非ス」（大場・前掲四一一四三頁）。なお、「之ヲ法文ノ上ヨリスルモ法律カ暴行ト記スルトキハ単ニ暴行ノミヲ意味シ脅迫ト記スルトキハ脅迫ノミヲ意味スルモノト解スルハ最モ適切ナル文理解釈ナリ法律カ暴行ヲ手段トスル他ノ行為ヲ言ヒ表ハサントスルトキハ常ニ其意味ヲ認ムヘキ適切ナル文字ヲ使用ス例ヘハ傷害、殺人、強盗、強姦等悉ク然ラサルハナシ故ニ独リ騒擾罪ノ場合ニ限リ其所謂暴行中ニ殺人放火等ヲモ包含セシメントスルカ如キハ到底許容シ能ハサル所ナリ尤モ旧刑法ノ如ク暴行ノ代ニ暴動ナル文字ヲ使用スル場合ニハ自ラ別個ノ解釈ニ出テサル可ラサルハ勿論ナリ」（大場・前掲四四頁）。

判例が、騒擾罪と公務執行妨害罪の想像的競合を認めている点は、後に述べるように(参照(6))、問題がない訳ではないが、判例【37】の場合、むしろ判旨の方が妥当であろう。

(3) 騒擾罪と家宅侵入・強盗・恐喝

【38】 (1) (上告理由)「上告人中脇坂慎吾、坂口福次郎ノ両人ニ対スル原判文ニハ『中略商品ヲ掠奪シタル騒擾ニ加ハリ中略麦酒四打入一箱ヲ強奪シ以テ暴動ノ勢ヲ助ケ』トアリ此文意ニ拠レバ上告人等ニ関スル騒擾タルヤ之ヲ構成スベキ暴行ノ行為ハ専ラ商品ノ掠奪ニ在テ存スルモノノ如シ而シテ麦酒ノ強奪ハ乃チ商品ノ掠奪ニアラザルナキカ左スレバ上告人等ノ強盗ト称セラルル行為モ集団ノ騒擾罪ト目セラレタル行為モ彼是相異ナルコトナシ果シテ然ラバ末文麦酒ヲ強奪シ以テ暴動ヲ助ケトアルハ畢竟同一事実ヲ重複シテ掲出シタルニ過ギズシテ結局無意義ニ帰着スベシ随テ騒擾罪ト分離シテ別ニ上告人等ノ責任ニ帰セシメラレタル強盗ノ行為ハ其存在ナキニ至ラザルヲ得ズ若シ又人員ノ多寡ニ因リ或ハ騒擾罪トナリ或ハ強盗トナルトノ判旨ナリト仮定センカ人数ノ分界ハ如何宜シク其説明ナカルベカラズ然ルニ原判文中此等ノ点ニ関スル説明ヲ発見スルコトナケレバ結局騒擾ト強盗トハ混合シテ其分界明瞭ナラザルニ独リ擬律ノ点ニ於テノミ之ヲ分別シテ双方ノ法条ヲ適用シアルハ判定ノ理由徹底セザルモノト謂ハザルベカラズ」

(判旨)「騒擾罪ハ多衆ガ暴行脅迫ヲ為スヲ以テ態様ト為ス而シテ其暴行ガ或ハ家宅侵入若クハ器物毀棄トシテ現ハレ又ハ暴行脅迫ガ強盗又ハ強喝ノ手段トシテ行ハレタルトキハ各行為者ハ一面ニ於テ其行為ニ該当スル罪名ニ触ルルト同時ニ他面ニ於テ各行為ガ騒擾ノ勢ヲ助長スルニ於テハ騒擾助勢ノ罪ヲ構成スルヤ論ナシ又原審ニ於テハ商品掠奪行為ト強盗行為トヲ別個ノ行為ト認メタル趣旨ニ非ズ他人ノ強奪行為ニ加ハリ被告亦掠奪ヲ為シタリト云フニ在ルコト明瞭ナリ其他ハ前示論旨第一ノ説明ヲ参酌シ本論旨ノ理由ナキコトヲ了承スベシ」

(2)（判旨）「恐喝罪ノ構成ニハ常ニ必シモ言語ヲ以テ害悪ノ通知ヲ為スコトヲ要セズ判示ノ如キ騒擾ノ際被害者ノ畏怖セルニ乗ジ強キテ白米ノ廉売ヲ申迫マリ応ゼザレバ暴行ヲ加フ可キ態度ヲ示シ之レガ買受ケヲ為スニ於テハ玆ニ恐喝取財罪ヲ構成スベキコト勿論ナルヲ以テ論旨理由ナシ」

(3)（判旨）「原判決ニハ被告市太郎等ハ云々数十名ノ暴徒ノ兵庫小松通三丁目米商木下市助方ヲ襲ヒ表戸ヲ乱打シ戸ヲ開クベシ開ケザレバ打壊スベシト怒号シ遂ニ表戸ヲ蹴外シ店内ニ闖入シ同人ニ対シ米ヲ売レ米無キ筈ナシ隠シアル米ヲ出スベシト叫ビ暴行脅迫シタル騒擾ニ加ハリ右市助ノ畏怖セルニ乗ジ被告市太郎等ハ共謀ノ上率先シテ同家内ニ侵入シ裏納屋ニ在リタル同家所有ノ白米二俵ヲ強奪シタリ云々ト記載シアリテ右記載ニ拠レバ被告ニ於テ被害者市助ヲ脅迫シ同人ガ畏怖ノ結果抗拒不能ノ状態ニ陥リタルニ乗ジ判示ノ白米ヲ掠奪シタルモノナルヲ以テ叙上被告ノ所為ガ強盗罪ヲ構成スルコト論ヲ俟タズ論旨理由ナシ」（大判大九・一二・七新聞一八〇九・一九）。

右の判例が、強盗罪と騒擾罪との間に想像的競合を認めていることには、問題はなかろう。恐喝罪に関しては、強盗罪の場合に比べて、この場合、白米の廉売の程度をもう少し検討してみる必要があろう。しかし、一般論としては、恐喝罪の成立の認められる場合、それと騒擾罪との間に想像的競合を認めることは是認されよう。それに対して、家宅侵入や器物毀棄と騒擾罪との想像的競合を認めることには、問題があろう（後述(6)参照）。

(4)　殺人行為と騒擾罪

【39】（上告理由）「原判決ノ法律適用ノ部ヲ見ルニ『被告久吉ノ騒擾行為ハ刑法第百六条第二号ニ殺人行為ハ同法第百九十九条ニ』該当スル旨摘示シ更ニ『殺人騒擾ハ各一箇ノ行為ニシテ数箇ノ罪名ニ触ルル場

合ナルヲ以テ各同法第五十四条第一項後段第十条ニ従ヒ被告久吉ニ対シテハ右殺人罪ノ刑ニ従ヒ云々』ト適用セラル因之観レハ殺人行為自体カ騒擾罪ヲ構成スルモノノ如ク解サレタルコト疑ナシ然レトモ刑法第百六条ノ騒擾罪中ニハ『殺人行為』ノ如キハ之ヲ包含セサルコト明白ナリ即チ同法ハ殺人放火等同法ノ刑期ニ照シテ重キ刑ヲ定メタル暴行行為ハ同条ニ包含セサルモノトス然ラハ原判決カ『殺人行為』ヲ採テ以テ騒擾行為ノ暴行トシテ観察擬律シタルハ擬律ノ錯誤アリ故ニ原判決ハ此点ニ於テ破毀ヲ免レスト信ス」

（判旨）「殺人行為ハ全然騒擾罪ニ含蓄セラレ独立ヲ失フ可キモノニアラスト雖モ該行為ハ当然ニ暴行ヲ包含スルモノナレハ此範囲内ニ於テハ騒擾ノ罪名ニ触ルルモノト解スルヲ得ルモノニシテ原判決ノ擬律ハ所論ノ如ク不法ノモノニアラス（但原判決ニ第五十四条第一項後段トアルハ同条項前段ノ誤記ナリト認ム）」（大判大八・五・二一刑録二五・六六八）。

右の判旨は、もちろん妥当である。なお、判例が強盗罪について、「強盗ノ手段タル暴行ハ被害者ノ反抗ヲ抑圧スベキ行為ヲ謂フモノニシテ、殺害行為ハ被害者ノ反抗ヲ全然不能ナラシムルモノナルヲ以テ暴行ナルコト論ヲ俟タズ」（大判大三・六・二四刑録二〇・三三四）としていることが参考とされよう。前述（判例【37】の上告理由に対する説明参照）大場博士の所説の外には、殺人罪と騒擾罪との想像的競合を認めることに、異論はない、と言えよう。

(5)　騒擾罪と恐喝罪

【40】（上告理由）「原判決ハ『被告人等ハ謀議ノ上判示騒擾ニ際シ被告樹心光次ハ古賀某方ニ到リ古賀某ノ女甲ニ対シ古賀某ニ面会ヲ求メ小作料軽減ヲ強要セントシタルモ同人不在ノ為右恐喝ノ目的ヲ遂ケス次テ右被告両名ハ多衆ト共ニ津田某方ヲ襲撃シ許ヲ得テ同家ニ入リ津田某ニ対シ小作人ハ憂慮ノ余斯ク多衆殺到シタリ地主ハ宜シク時勢ノ進運ニ鑑ミ小作人ノ要求ヲ実現スヘク然ラサレハ殺気立テル多数ハ如何ナル暴

挙ニ出ツヤモ計ラレサル旨申向ケ同人ヲ恐怖セシメテ小作料軽減ヲ承諾セシメンヌントシタルモ津田某カ態ヨク拒絶シタル為恐喝ノ目的ヲ遂ケス』ト判示シ被告人等ヲ騒擾罪ノ外恐喝未遂罪ニ問擬シタリ然レトモ騒擾罪ハ多衆聚合シテ暴行脅迫ヲ為スニ因テ成立スルモノニシテ本件ノ如キハ小作料軽減ニ関シ判示騒擾罪ヲ発生スルニ至リタルモノナルヲ以テ地主ニ対スル小作料軽減ノ要求ハ当然本件騒擾罪ノ中ニ包含セラルヘキモノニシテ本件ハ騒擾罪ノ外別ニ恐喝罪ヲ構成スヘキモノニアラサルナリ」

（判旨）「暴行脅迫ヲ構成要素トスル犯行ハ数多存スルヲ以テ多衆聚合シテ暴行脅迫ヲ為シタル場合ニ於テハ此ノ一箇ノ行為ニ基キ発生スル事実ハ必スシモ騒擾罪ニ該当スルモノノミニ止マラス暴行脅迫ヲ構成要素トスル他ノ各種ノ犯罪ノ成立ヲ認ムヘキコトアルヘシ斯ノ如ク騒擾以外ノ事実カ騒擾罪ト其ノ性質ヲ異ニスルモノアル以上ハ其ノ事実ヲ騒擾罪ノ範囲ニ包容セシメ之ヲ不問ニ付シ去ルヘキニ非スシテ其ノ事実ニ該当スル罪名ニ触ルルモノトシテ処断セサルヘカラス原判決ニ依レハ被告人等ハ小作料軽減ノ目的ヲ以テ多衆聚合シテ人ニ対スル脅迫物ニ対スル暴行ヲ為シテ騒擾シ因リテ小作料軽減ノ申入ヲ為シタル処被害者ノ不在若ハ拒絶ニ依リ所期ノ目的ヲ遂ケサリシコト明ニシテ被告人等ノ物ニ対スル暴行人ニ対スル脅迫ハ騒擾罪以外ニ恐喝罪ニ該当スル事実ヲモ発生シタルモノト云フヘク原審カ此ノ事実ニ対シ騒擾罪ト恐喝未遂罪トノ二罪名ニ触ルルモノトシテ法律ヲ適用処断シタルハ正当ナリ論旨理由ナシ」（大判昭二・四・五刑集六・一三六）。

右の判旨は、恐らく同旨の判例のうちで、最も理論的に精確である、といってよいであろう。ただ、その場合、一般の犯罪と異なる群集犯罪としての騒擾罪の特質をも考慮すべきではないか、その点が十分考えられているかという問題が残る。そして、すでに判例【38】に関して一言したように、恐喝罪の場合は、強盗罪の場合に比べて、一層事案の内容の具体的検討を必要としよう。

(6)　学説の見解　右に見たように、判例の見解の出発点は、騒擾罪の成立要素である暴行脅迫は、他の罪名に触れない程度のもので足りるということであり、その出発点を是認するかぎり、一応、理論的に首尾一貫しているということができよう。しかし、すでに述べたように、騒擾罪の本質に鑑み、多衆の暴行脅迫が一地方の静謐を害する結果を生じたことは必要ではないが、その暴行脅迫の行為が少くとも一地方における静謐を害する程度のものであることを必要とすると解するときは、判例とは異なる結論に到達する筈である。

（イ）まず、牧野博士は、次のように論ぜられる（各論上巻七八頁以下）。

「惟うに、騒擾罪の規定は、その群衆犯罪たる特別の暴行脅迫について、その首魁その他率先者の刑を加重し、同時に他の共同者の刑を減軽する趣旨に出ているものである。故に、刑法第百六条の規定は、一方において騒擾罪が公共の安寧を侵すものであることと、他方においてその加重せられる趣旨とを考えてその適用を定めなければならない。すなわち、殺人放火等、暴行が個別的に観察せられた場合において、その刑が騒擾罪の指揮率先者の刑より重いときは、その各本条の罪と騒擾罪との想像的競合が成立すべきであり、しからざる場合においては、単に刑法第百六条の適用があるのみで、各本条の適用はないものと解すべきである。それで、建造物損壊、公務執行妨害の如きは、騒擾罪に吸収せられるものとすべきである（同説、木村教授第二〇一頁）。学説としては、おなじような考え方を、単に、国家が騒擾罪に対し当然予定した行為が何であるかを論じて定めるべきである、としているのがある（江家教授第四七頁）。多数説は判例に対して反対であるが（滝川教授第四一頁、泉二博士第一二五頁、宮本教授第四二四頁参照）、ただ単純暴行と脅迫とだけが当然騒擾罪に吸収せられるものと論ずるのは（小野博士第六六頁）、判例と同じ趣旨であろう」（同旨、木村・各論一八三頁）。

（ロ）　右の牧野博士の所説は、主として科刑の比較から論ぜられるものであるが、それに対して、団藤教授は、その定型説の立場から、「騒擾罪に通常ともなうような公務執行妨害罪・建造物損壊罪などは、騒擾罪に吸収されるとみるべきであろう」とされ、更に「指揮者・率先助勢者の刑（二号）よりも重い刑にあたる罪については、本罪への吸収をみとめるべきではない」（各論一〇九頁註二）として、大体同一の結論に到達しておられる（同旨、江家・各論八三頁、福田・各論七二頁・宮内・新訂各論講義二〇八頁、伊達・前掲講座七巻一四三五頁、柏木・各論(上)一七〇頁）。

なお、宮本博士は、「暴行は汎く人及び物に対するものである。但し人に対するものとしては単純暴行（公務執行妨害を含む、但し判例反対）を限度として傷害その他を含まない。又物に対するものとしては建造物の損壊を限度として放火に及ばない（判例は器物の損壊を限度として建造物に及ばない）」とされ、「斯やうに解するゆえんは、一面には騒擾罪に於ける通例の事態と、他面にはこれが科刑の比較とを考慮した結果である」（大綱四二四頁）として、両者の考え方を綜合する立場を示しておられるが、結論は大体同一と見てよいであろう（なお、結論的に同一、泉二・各論一二五頁）。

（ハ）　これらの学説に対して、ただ単純暴行と脅迫とだけが騒擾罪に吸収されるとして、結論的に判例と同一の立場に立たれるのは、小野博士（新訂講義各論六六頁）、滝川博士（各論二一四頁）、植松教授（概論四四三頁）、井上教授（各論一七三頁）、草野教授（要論二〇四頁）、斎藤教授（各論八三頁）などであるが、判例の場合と異なり、騒擾罪の成立要素である暴行・脅迫は、一地方における公共の静謐を害する程度のものたることを要する、とされる（小野・各論六八頁、植松・概論四四一頁、井上・各論一七三頁、斎藤・各論八三頁）その立場と、果して調和するであろうか。そして、同じことは、前出【14】の平事件第二審判決についても言えよう。

(三)　騒擾罪の成立に必要な共同意思　騒擾罪は、多衆が集合して暴行または脅迫をなすことによつて成立するが、その暴行または脅迫は、集合した多衆の共同意思に出たものであることを要する(前出【5】【7】)。そして、従来の判例では、「所謂共同ノ意思トハ共同シテ騒擾行為ヲ為スノ意思ヲ謂フモノニシテ」「各自騒擾行為ニ加担スル意思ニ因リテ行動スルヲ以テ足ル」(前出【22】)とし、多衆の中に加つた者は、たとい自ら暴行脅迫の行為をなさなくとも、「共同ノ力ヲ利用シ暴行脅迫ヲ為スノ意思」をもつてそれに加つた以上、「外部ニ対シテハ現実暴行脅迫ヲ為シタル者ト共ニ一団トシテ集団其ノモノガ暴行脅迫ヲ為スモノト認メラレ」「之ヲ包括シテ騒擾罪トシテ処罰スルノ趣旨ナル事疑ヲ容レ」ない(前出【8】)とされていた。これは「騒擾罪の構造的特質」といってよいであろうが(荘子・前掲ジュリスト二一九号六頁以下参照)、この騒擾罪の成立に必要な共同意思の意義については、いわゆる平事件の第二審および最高裁判決において、注目すべき議論の展開がなされた。そこで、以下、それを検討することにしたい。

まず、前出【5】の判旨および上告理由を参照されたいが、上告理由の指摘するように、第二審判決の判示のうち、(1)騒擾罪を成立させる共同意思は、多衆の合同力を恃んで自ら暴行又は脅迫をなす意思ないし多衆をしてこれをなさしめる意思と、かかる暴行又は脅迫に同意を表し、その合同力に加わる意思とによつて構成されている、とする点、および、(2)共同の意思といつても認識があればよく、確定的共同意思でなくとも未必的共同意思があれば足る、とする点は、とくに検討を要するであろう。このうち、第二の点に関連して、最高裁判所は、更に次のように判示している。

【41】(1)(判旨)「所論は、原判示の未必的共同意思について論難する。けれども、原判決は、論旨も

指摘するように、未必的共同意思については、『事態の発展や相手方の出方如何により時と場合によっては更に暴行脅迫等の所為に出るかも知れず……その暴行脅迫の所為に出る者は多衆を恃んでなすもので、他の群集はこれに同調し少くともこれを認容するという未必的共同暴行脅迫の意思』といっているだけで、その意義については、必ずしも明確に判示していないのである。しかし、元来騒擾罪の成立に必要な共同意思とは、多衆集合の結果惹起せられることのあり得べき多衆の合同力による暴行脅迫の事態の発生を予見しながら、あえて、騒擾行為に加担する意思があれば足りるのであつて、必ずしも確定的に具体的な個々の暴行脅迫の認識を要するものではないのであるから、原判決の未必的共同意思の判示は、この趣旨において首肯できないことはない」(最判昭三五・一二・八刑集一四・一三・一八二六、前出【5】【31】と同一判例)。

右の判旨に関して団藤教授は、次のように書いておられる(各論一〇八頁註四)。

「理論的に分析すれば、暴行・脅迫が集団行動の一部としてみとめられるための主観的要素としてのいわゆる共同の意思と、騒擾罪の故意とは、区別されなければならない。さらに、つきつめて考えれば、おそらく、前者は騒擾罪の構成要件的故意――騒擾罪としての定型性をあたえる主観的要素――とほぼ一致するものであり、また、後者は、実は責任要素としての故意なのではあるまいか。一般の構成要件では、構成要件的故意と責任要素としての故意とは、事実認識の範囲では一致するが、群集犯罪である騒擾罪では両者は一致しないのだとおもう。

(1) 第一に、騒擾罪の構成要件該当性は群集の構成員の一人ずつの行為について考えられるべきではなく、群集の行動を全体として考察して判断されなければならない。したがつて構成要件的故意とみられるべきものも、群集犯罪的定型の見地から、群集を支配する群集心理をもとにして考察されるべきであり、いわゆる共同の意思も、構成員の全員がもつことを要しない。(2) これに反して、第二に、責任要件としての故意には、個人責任の原理が支配するべきであり、行為者の一人ごとに考えられなければならないのは、もちろんである。

ところで、騒擾罪の成立は、共同暴行脅迫の未必的意思で足りるかという問題が議論されるが（とくに平事件）、これについても右の区別を頭に置くことが必要であろう。責任要素としての故意としては、騒擾罪にかぎつて未必の故意で足りないとする根拠はない。騒擾罪の構成要件を充足する多衆の暴行・脅迫が現にあつた以上、その事実を未必的にでも表象し、かつ認容してその集団に加わつた者は、事実の表象に関するかぎり、責任要素としての故意の要件を完全に具備する。しかし、構成要件該当性の問題としての共同の意思は、これと趣を異にする。群集の中の多衆が――みずから暴行・脅迫をすると否とを問わず――自分たちが群集の力のもとに暴行・脅迫をしているのだという意識をもつていることを要し、かつそれで足りるであろう。ただ、このばあいにも、判旨のいうように『必ずしも確定的に具体的な個々の暴行脅迫の認識を要するものでない』ことはもちろんであり、その意味で未必的意思で足りるというのは、少しもさしつかえない。」

騒擾罪の成立に必要な共同意思と、騒擾罪の責任要素としての故意とを区別して考えられるのは、すぐれた着眼と思われるが、ここでは、とくに、教授が、個人責任の原理の支配する責任要素としての故意は、行為者の一人ごとに考えられなければならないが、いわゆる共同意思は、群集の行動を全体として考察して判断されなければならないので、必ずしも構成員の全員がもつことを要しない、とされていることに賛意を表しておきたい。

荘子教授は、いわゆる平事件最高裁判決が「騒擾罪の成立に必要な共同意思とは、多衆集合の結果惹起せられることのあり得べき多衆の合同力による暴行脅迫の事態の発生を予見しながら、あえて騒擾行為に加担する意思があれば足りる」として、未必的共同意思の論理を採用したことは、騒擾罪の構造の特質から考察するときには、当然なことであるともいえるとされ（前掲、ジュリスト二一九号一一頁）、また、大塚教授は、第二審判決の論評にあたり、それが、共同意思は未必的なものでも足りるとなしている点は、「騒擾罪の群衆犯罪としての特質を適切に把捉した見解として注目に値する」（判例評論一六号九頁）とされ、「従来の判例にいわゆる共同意思の抽象的概念を分析し、その実体を認識しようとしたものとして、きわめて高く評価されるべきである」とされる（前掲二〇頁）。そして、下村教授は、「この未必的共同暴行・脅迫の意思が、判決直後最も議論の対象とせられたことは周知の通りである。しかし、問題は、むしろ運用の実際の面において慎重な考慮が必要であるという点にあるのであつて、刑法理論としては、未必的故意で足りるとすること、すでに定説といつてよい」とされる（下村「騒擾罪の故意」法律のひろば一四巻二号二三頁、なお、同「平事件判決と騒擾罪」法学セミナー五九号五〇頁所掲の諸家の見解参照）。しかし、問題がない訳ではない。以下、上告趣意から、その未必的共同意思に関する検討を引用して、検討しておこう。

(2)　（上告理由）　「共同意思は認識があればよく、未必的なもので足るとの態度は、第一審判決が騒擾罪の成立を否定したのに対して、本件に騒擾罪の適用を肯定する原判決の最も強力な支柱である。このことは、未必的共同意思に関する見解を、全く同一の表現をもつて、数度にわたつて繰り返している原判決自体によつて明らかである。」「そして、ここにいう未必的暴行脅迫の意思とは、『事態の発展や相手方の出方如何により時と場合によつては更に暴行脅迫等の所為に出るかも知れず（例えば或は交渉中さらに脅迫的言動が行われるかも知れないし、署内に群衆が多勢侵入して行くかも知れず或は応援警察官が来れば乱闘になるかも知れないし来なくとも相手次第によつては署員等に暴行脅迫をなしたり器物を毀したりするかも知れず等）、その暴行脅迫の所為に出る者は多衆を恃んでなすもので、他の群集はこれに同調し少くともこれを認容するという未必的共同暴行脅迫の意思』である（原判決第一、四(6)第二、その五、一および四の各総括部分）。「まず原判決がいかにしていうところの未必的共同意思を認定したか、その認定に誤りがないか、を検討せねばならない。そのことによつて騒擾罪成立についての、未必的共同意思という考え方がどのような意味をもつかが明らかにされるであろう」。

「原判決は、第二、その五、一、1、2において、平市署前に集つた群集は約一〇〇名であるが、そのうち警察官に暴行しあるいは投石した者は四、五〇名であり、他の群集の大多数は、ワッショ、ワッショと掛声を発し、赤旗を振つたりなどして気分を添えたとの事実を認定し、そのことから直ちに他の群集の大多数は、暴行、投石等の乱闘中、これに同調しまたは少くとも、これを認容する意思があつたことが肯認できるとする。しかし、原判決が挙示するすべての証拠から認めることのできる事実は、暴行、投石があつたとか、掛声が発せられたとか、赤旗が左右に振られていたとかいうことだけであつて、決してそれ以上のものではない。」「こうした断片的な諸事実があつたということから、市署前の約二〇〇名の群集に未必的共同暴行脅迫の意思があつたということは、到底帰結できない。」「原判決が『以上認定の各事実及びこれを認めた諸証拠』を『参照総合』すれば共同意思が認められるというとき、それは、とりもなおさず、約二〇〇名の大多数に共同意思があつたことを示す証拠はないことを自白しているものに外ならない。『以上認定の各事実』は、『これを認めた諸証拠』によつてのみ証明されているのであるから、その『諸証拠』は、その『各事実』以上の事実を証明できない。だから、いくら『各事実』と『諸証拠』を『参照総合』してみたところで、そこからひきだせるのは、『各事実』以外には断じてありえない。」

「もちろん事実認定における推理を否定するのではない。心理的問題の証明は、人の供述による以外は、多く推理されねばならないであろう。だが、その推理が許されるためには、当然の限界と論理がある。個々の部分的事実が、全体に対してもつている意味と位置とから、全体におし及ぼすに十分な必然性と価値とが明らかにされねばならない。原判決が認定したいくつかの事実が約二〇〇名の群集のどの部分、どの部分どれだけの程度で行われたか、という問題こそが、そしてこれだけが共同意思の認定に必要なのである。原判決は、かかる採証法則の論理を無視し、証拠によらずして事実を認定するものというべきである。原判決は、しかし、かかる推論――厳格には推論ではなく、予断臆測である――が無理なものであることを承知しているのである。そしてその弱点を補うために組織統制という借物を利用する。」

「元来、団結による示威は、それ自体一つの力である。大衆行動の正当性を承認することは、このような力の法認である。そのことはまた団結への意思が保護されていることを意味する。したがつて、団結への意思が認められるとしても、それがさらに法の保護をこえる共同暴行脅迫の意思となつているか否かは、団結への意思とは明らかに別異なものとして証明されなければならない。原判決のように、団結への意思を共同暴行脅迫の意思認定の基礎に置くことは断じて許されない。それは大衆は危険であり、大衆組織は犯罪団体であるという時代錯誤の偏見以外のものではない。しかも、原判決挙示の証拠によつても群集の大多数が、暴行脅迫を働く者があることを認識したうえで、かかる不法な力に加わろうとする意思をもつていたことは、到底認められない。」「原判決はある場所では、組織統制を排除することによつて共同意思の存在を認め、他の場所では組織統制のあることによつて共同意思の存在を認める。その時々の説明のために、まことに都合よく使い分けられるのである。」

「原判決において、原判決のいう未必的共同暴行脅迫の意思が、いかなるはたらきをなしているかについて、次のように結論することができる。未必的共同暴行脅迫の意思を騒擾罪において考えることは、多衆の中における個別的、偶発的暴行脅迫を一個の騒擾罪として評価するために、どうしても必要とされた論理構成であり、詐術である。本件においては、市署前における衝突（仮に第一、第二審判決ともに認めたように共同意思にもとずく共同暴行脅迫であるとしても）と、それが終熄し共同意思が消滅してしまつた後の署内における個別的暴行脅迫とを一つの騒擾罪と認定するための接着剤である。未必的共同暴行脅迫と、それとは意思の面からも行為のうえからも無関係な傍観者的大衆または無色の大衆とを結びつけ、一個の騒擾罪を作り上げるための粘着剤である。そして未必的共同暴行脅迫の意思を作つて、このようなはたらきをなさしめた原判決の思想の底流には、言論集会の自由に対する軽視、なかんずく大衆行動を不法または犯罪視する見方が横たわつており、その結果、未必的共同暴行脅迫の意思という極めて不合理な概念によつて構成要件を不当に拡大し、ひたすら騒擾罪成立の可能性を強めて被告人らを有罪に追い込んだものといわねばならない」（最高刑集一四・一三・一八三四所収）。

右は、二〇頁にわたる上告趣意第八点、の抄録であるが、わたくしは、第二審判決の共同意思の認定に誤りがあつたとは思わない。しかし、その認定にあたつて注意しなければならないことが、右の上告理由の中に述べられているように思うのである。荘子教授も言われるように、「問題は未必的共同意思の『論理』を採用した点に在るのではない。未必的共同意思の論理が、将来において、集団心理の法則を無条件に採用した集団行動観と結着して、騒擾罪の主観的・客観的側面を容易に充たし、よつて、騒擾罪の幅を不当に拡大する可能性を備えているという点に在る」。

したがつて、教授は、平事件最高裁判決における未必的共同意思の論理を問題とするよりも、「むしろ、公安条例最高裁判決に示された集団行動観を問題にする必要がある」（荘子・前掲・ジュリスト二一九号一一頁）と言われる（公安条例最高裁判決については、たとえばジュリスト二〇八号の特集を参照せられたい）。

(3)　（上告理由）「多衆による犯行に未必の故意を持ち込むことは犯意の擬制に陥るということは多衆による犯行一般についてあてはまる道理である。しかしこの擬制は騒擾罪においてこそ最も完全に行われることは注意されなければならない。原判決は騒擾罪の故意を未必的で足りるといっている。原判決は本罪の故意について次のようにいっているのである。故意は次の二つに大別される。一つは多衆の合同力を恃んで自ら暴行又は脅迫をなす意思、ないし、多衆をしてこれをなさしめる意思であり、もう一つはかような暴行又は脅迫に同意を表しその合同力に加わる意思である。そして集合した群衆が前者の意思を有する者と後者の意思を有する者とで構成されているときに本罪の成立に必要な多衆の共同意思があるという。多衆の合同力を恃んで自ら暴行脅迫する意思は率先助勢の、多衆をしてこれをなさしめる意思は首魁又は現場指揮の、故意であり、暴行又は脅迫に同意を表しその合同力に加わる意思は附和随行の故意にあたろう。ところで原判決は未必的共同意思といっている。この共同意思はむしろ騒擾罪の特別構成要件に属するのであるから、これが未必的に存在することによって犯罪が成立するというのは明らかに間違っている。しかしこの点については後にふれるとして、今は、仮にこの共同意思を本罪の故意として捉え、未必的共同意思によって本罪が成立するとした場合に生ずる不当な結果について述べる。

　未必的共同意思は聚合した多衆を構成する各個々人の未必的意思によって形成される。未必的共同意思は各個の未必的意思に還元される。先ず附和随行者の意思について見よう。附和随行者の未必的意思、即ち未必的故意は聚合した多衆が暴行又は脅迫をするかも知れないと認識しながら、それを認容してかかる集団に参加することである。さて暴行、脅迫は実行行為を必要とする。実行行為は、これをするかしないかは結局実行行為者の意思にまかされている。しかし、この意思はいまだ明示されていない。附和随行者と実行行為者との間に意思の連絡は何もないのである。」

「通常の附和随行者は圧倒的に多数であり、実行行為者は逆に極めて少数であろう。両者の間に意思の疎通を保障する方法は殆どない。両者の相互理解が可能となるのは、実行行為者の暴行、脅迫の意思が確定的且つ明白に表示されたときであることは明らかである。実行行為者の確定的且つ明示の意思を認容してその合同力に加わることによつて附和随行者の故意は成立しなければならない。原判決の如く未必の故意を肯定するのは、罪を犯す意思のない者に犯意を擬制してこれを処罰する結果になるのである。特に思想表現を目的とする集団示威運動に対して未必の故意が適用された場合にこの不当は一層顕著となる。集団示威運動は一定の思想の表現を目的とする。」「そしてこの目的は集団の威力を示すことによつて達成される。威力は集団の一部において散発的な暴行、脅迫に発展する可能性を包蔵しているし、特に、警察権力の不当介入は集団の一部と警察官との小ぜり合いを誘発する。集団参加者はこのような散発的な暴行、脅迫、警察官との小ぜり合いがあるかも知れないことは参加の当初において既に予期しているであろう。これは現実に行われている集団示威運動の実態である。もし原判決のように未必的暴行、脅迫の意思を以て騒擾の故意を論ずるならば、あらゆる集団示威運動は散発的、偶発的な暴行、脅迫の発生によつて直ちに本罪の適用を受けなければならない。参加者は参加の当初から未必の故意があるのであるから、参加したというただそれだけの理由によつて騒擾の罪に問われることになるのである。暴行、脅迫の予期は決してその認容ではない。未必的故意の肯定はこの予期を認容におきかえる結果に終るのである。集団参加者は参加当初におけるこの予期によつて暴行、脅迫を認容するものでないことは勿論、参加後の暴行、脅迫の発生を目撃して参加を継続している場合においてもこれを認容しはしないのである。」「散発的、偶発的な暴行、脅迫があつたからといつて集団の一定の目的行動は直ちに止むものではない。目的行動は依然として継続している。参加者が脱退しないのはこの目的行動に参加しているからなのである。原判決の論法でいけば、参加者は集団の一部に暴行、脅迫が発生したならば即時一目散に逃散しなければならないことになる。逃散しなければこの暴行、脅迫を認容したことになり、この認容が即ち騒擾の未必的故意ありと認定されるのである。」

「次に率先助勢、現場指揮、首魁について。率先助勢、現場指揮は、自らの、現場における積極的行動を予定する。本来実行行為者各人については未必の故意はありえない。」「実行行為者各人について見れば暴行、脅迫の未必的故意はありえない。確定的な故意があるのみである。他者を処罰するために確定故意を未必の故意に引き下ろすのである。行為者の確定故意が他者に対しては未必の故意として伝達されている。これは明らかに詐術である。首魁は騒擾全般に亘り首動者たる役務をとる者である。首魁の故意は多衆をして暴行、脅迫をなさしめる意思であるから騒擾の発生は積極的に意欲されなければならない。騒擾の発生を未必的に認容するような意思は附和随行者の意思ではありえても、首魁の意思ではありえない。」「若し首魁に未必の故意を肯定するならば、首魁は首魁ではなくして、単なる附和随行者と同質のものとなつてしまうであろう。実質的に附和随行者である者を首魁として処罰することになるのである。」

「以上述べたように、未必の故意は多衆による犯罪に親しまない概念である。これを多衆による犯罪に適用することは、常に、犯罪の意思なき者を処罰する危険を含む。特に騒擾罪への適用は大衆の権利の行使を犯罪として捉える結果に終る。」

「未必の故意の『未必』は結果の発生に関する。実行行為は確実に認識されていなければならない。一例を設定する。猟師が兎を見つけて発砲する際、その近くで耕作している百姓に命中するかも知れないと考えつつ引き金をひいたとする。」「右の設例で『未必』なのは何か。それは百姓に命中するという結果である。発砲する実行行為には未必なものは何もない。」「原判決は、『未必的共同暴行、脅迫』の語を用いる。暴行、脅迫の行われることが未必的であるというのである。しかし、これは全くの誤りである。暴行、脅迫は騒擾罪の実行行為である。実行行為の結果ではない。結果は危険の発生である。未必の故意の『未必』は厳密に実行行為の結果に関して語られ、長い年月を経て熟した概念である。」「原判決は擅に『未必』の概念内容を拡張して、罪を犯す意思なき者を処罰する違法を犯している」（最高刑集一四・一三・一八五六所収）。

右の上告理由は、多衆による犯行に未必の故意を持ち込むことが犯意の擬制に陥る危険を論証して非常に説得的である。それでは、この問題は、いかに考えるべきか。さきに、団藤教授の所説に関して述べたように、まず、騒擾罪の成立に必要な共同意思と、騒擾罪の責任要素としての故意とを区別して考えなければならない。そして、騒擾罪の成立に必要な共同意思については、前掲【41】の(1)の判旨は妥当である。しかし、責任要素としての故意については、右の上告理由の論ずるように、少くとも、首魁、指揮・率先助勢者について未必の故意で足りるとすることは妥当ではない。また、附和随行者についても、実行行為者の暴行・脅迫の意思が確定的かつ明白に表示されたとき、その実行行為者の確定的かつ明白の犯罪的意思を認容して、その合同力に加わることによつて、附和随行者の故意は成立する、と考えなければならないであろう。

なお、右の上告理由が、更に次のように論じていることを明らかにしておきたい。

「騒擾罪は原判決のいう如く共同意思がなければ成立しない。多衆聚合して暴行、脅迫するというのは多衆が共同意思により集団自体の意思として暴行、脅迫をするということだからである。」「しかし共同意思は本罪の特別構成要件であつて故意ではない。『多衆聚合して』ということも別の言葉で表現したものに外ならない。故意は集団に参加した各個の人についてのみ論じられれば足るのである」（最高刑集一四・一三・一八六〇）。

三　騒擾に参加した個人の刑事責任

一　首魁の意義

（一）　すでに述べたような意味において、「多衆聚合シテ暴行又ハ脅迫ヲ為シタルトキハ」、騒擾罪が成立するが、騒擾罪の主体は、その多衆を構成するところの個人である。多衆の中に加つた者は、たとい自ら暴行・脅迫の行為をなさなくとも、「共同ノ力ヲ利用シ暴行脅迫ヲ為スノ意思ヲ以テ之ニ加リタル以上」、現実に暴行・脅迫を為した者とともに一団として集団そのものが暴行・脅迫を為すものと認められ、すべて本罪の正犯となるが（前出【8】の判例のほか、前掲、伊達・刑事法講座一四三七・三八頁参照）、しかし、すでに述べたように（前出一の二）、刑法はかかる正犯者に対して一律な法定刑を定めず、これを群集心理の見地から区別し、首魁と指揮・率先助勢者と附和随行者に分けて、その刑を個別化している。すなわち、その刑は、群集心理に支配せられた附和随行者については、とくに軽くして五十円以下の罰金とし、群集心理を利用したところの首魁については、一年以上十年以下の懲役または禁錮とし、指揮・率先助勢した者については、六月以上七年以下の懲役または禁錮としている（刑一〇六）。

そこで、その「首魁、指揮・率先助勢者、および附和随行者」の意義が問題となるのである。

（二）　首魁の意義　　刑法一〇六条一号の「首魁」の意義については、まず、次の判例がある。

【42】（上告理由）　「刑法第百六条ニハ『多衆聚合シテ暴行又ハ脅迫ヲ為シタル者ハ云云』トアリ次テ同条第一号ニハ『首魁ハ一年以上十年以下ノ懲役又ハ禁錮ニ処ス』ト規定セリ故ニ玆ニ所謂首魁トハ暴行又ハ脅迫ヲ為シタル者ノ内ニ在リテ是等聚合者ヲ指揮監督シ統率スルモノヲ云フニ外ナラス原判決ハ被告人ハ発頭人四人ヲ選ヒ藤岡末吉ヲシテ演説セシメ井上豊三郎ヲシテ職工ヲ裏門前ニ集合セシメ飲酒セシメ暴挙ノ計

画ヲ完成シ云云ト判示スレトモ被告人カ自ラ多衆ヲ指揮監督シ又統率シタル事実ニ至リテハ毫モ判示スルトコロナキノミナラス其首魁タル事実ヲ証示スルコトナシ乃チ原判決ハ要点ニ於テ擬律錯誤理由不備竝ニ認定事実ヲ証拠ニ拠リテ説明セサル不法アルモノト信ス」

（判旨）「刑法第百六条第一号ニ所謂首魁ハ騒擾全般ニ亘リ多衆ニ対シ直接ナルト間接ナルト又肉体的ナルト精神的ナルトヲ問ハス首動者タル役務ヲ執ル者ヲ指称スルノ意義ナレハ必スシモ所論ノ如ク自ラ多衆中ニ在リテ之ヲ統率シ其暴行脅迫ヲ指揮監督スルコトヲ要セス多衆ノ騒擾行為ニ参加セスト雖モ暴動ヲ発企計画シ其行動ノ方針ヲ指示シ酒ヲ供シテ多衆ノ気焔ヲ煽動シ其他精神的方面ニ於テ暴動ヲ監督指揮スル如キ原判示行為ハ所謂首魁タル行為ニ該当スルモノトス原判決ニハ上叙被告幸太郎ノ行為ヲ認ム可キ証憑ヲ挙示シアリ右行為ニ対シテ刑法第百六条第一号ヲ適用シアルヲ以テ本論旨ハ理由ナシ」（大判大八・一二・九刑録二五・一三五五）。

【43】（上告理由）「原判決ノ表示スル以上一乃至六ノ事実ハ決シテ刑法第百六条第一号ノ罪ヲ構成スルモノニアラス何トナレハ右法条規定ノ騒擾罪ノ首魁ナルモノハ多衆聚合シテ暴行又ハ脅迫ヲ為シタル者ノ首魁ナラサルヘカラス即チ其実行ノ首領其暴行又ハ脅迫ノ指揮者主動者ナラサルヘカラス然ルニ被告大助善吉晋作ハ毫モ此等ノ行為ナク且ツ現ニ現場ニ臨ミタルモノニモアラス又陰ニ之ヲ操縦シタルモノニモアラス随テ此等暴行又脅迫ニ加功シタルモノニアラサレハナリ而シテ右判決ニ表示セル通リノ事実ナリトスルモ村民大会ニ於テ会衆ニ酒ヲ飲マシメ興奮セシメ又演説ヲ以テ村ノ規約ニ背キ利益ヲ蹂躙スル違背者ニハ厳重ナル制裁ヲ加ヘサルヘカラストシ此等ニ対シ威嚇若クハ暴行ヲ加ヘ其反省ヲ促ササルヘカラサルコトヲ暗示シタリト云フニ過キサルナリ抑モ暗示ハ教唆ニアラス又命令ニアラス況ンヤ其所謂威嚇又暴行ナルモノハ其場所即チ村民大会ノ会場ニ於テ起リタルニアラス大会解散後余波トシテ発生シタルモノナレハ大会ニ於ケル演説者ノ責任ヲ負フヘキ筋合ノモノニアラス」「故ニ原判決ノ表示スル事実ニテハ被告大助善吉晋作等ノ所為ハ刑法第百六条第一号ノ罪ヲ構成スルモノニアラサルナリ」

（判旨）「騒擾罪ノ首魁トハ騒擾行為ノ主動者トナリ多衆ヲシテ其合同力ニ依リ騒擾行為ヲ為サシムル者ヲ謂フモノナルカ故ニ之カ主動者タルニハ必スシモ自ラ多衆ト共ニ暴行脅迫ヲ為シ若クハ現場ニ在リテ親シク之カ指揮統率ヲ為スヲ必要トスルモノニ非サルナリ原判決ノ認ムル所ニ依レハ被告大助善吉等ハ規約違反者タル点燈者ニ対シテ尋常手段ヲ用ヒルノ余地ナク村民多衆ヲ聚合シテ彼レニ威嚇又ハ暴力ヲ加ヘシメ以テ其反省ヲ促スノ外他ニ途ナシト決意シ被告晋作ハ其計画ニ加ハリ大正二年七月三十一日村民大会ヲ開キ席上会衆ニ酒ヲ与ヘテ興奮セシメタル上到底平和手段ニ訴フルノ途ナキニ依リ規約違反者ニ対シテ威嚇暴行ヲ加フヘキ旨ノ暗示ヲ与ヘ会衆ニ於テハ其意ノアルトコロヲ認識シ大会解散後原判旨ノ如キ騒擾ヲ為シタリト云フニ在リテ以テ右被告等ノ所為ハ刑法第百六条第一号所定ノ首魁ヲ以テ処断スヘキモノナルヤ明カニシテ其ノ使嗾ノ明示タルト暗示タルトハ毫モ犯罪ノ成否ニ影響ヲ及ホスモノニ非サルナリ」（大判大四・一一・六刑録二一・一九〇六、前出【20】と同一判例、〔研究〕宮内・法学セミナー四四号三〇頁）。

右の二判例は、上告理由も判旨も大体同様のものであるが、判旨は、もちろん妥当である。しかし、上告理由も決して根拠のないものではない。文理的に厳格に解釈するときは、右の事案は、騒擾罪の教唆をもつて論ずべきものであろう。しかし、すでに述べたように（二の一）、わたくしは、現行刑法の首魁は旧刑法一三七条の「首魁及ヒ教唆者」の両者を含んだものと解すべきだと考える（この点については、前出【3】の判例参照）。そして、次の伊達教授の所説に、全面的に賛意を表したい（刑事法講座七巻一四三七頁）。

「ここで特に注意を要する点は右の首魁指揮者等はすべて本条にいう『多衆聚合シテ暴行又ハ脅迫ヲ為シタル者』に該当しなければならないということである。勿論、ある者が共同暴行の意思を以て騒擾の現場に集合した以上必ずしも現実に暴行又は脅迫をしなくてもこれにあたることは、本罪が集団犯である特質上当然のことであるが、問題となるのは、必ず現実に身を以て騒擾の現場において騒擾団体に参加しなければ、本条にいう『多衆聚合シテ暴行又ハ脅迫ヲ為シタル者』といい得ないかどうかということである。附和随行が右のような身体的参加を必要とするものであることについては疑ない。本条二号の『他人ヲ指揮シ又ハ他人ニ率先シテ勢ヲ助ケタル者』も亦その概念上騒擾の現場にあつて群集の指揮を執り又は率先して助勢した者を指すものと解するのが正当であるといえよう。これに反し、首魁は騒擾行為の首動者であり全参加者を介して自己の犯罪的意思を実現せしむるものであるから、この者に限つては現場において身体的参加をしなくても『多衆聚合シテ暴行又ハ脅迫ヲ為シタル者』にあたると解して妨げないのではなかろうか。かような解釈は、正犯概念を制限的に解しようとする立場からは、一般の犯罪については法文の不当な拡張解釈として非難されるところであろうが（独刑法一二五条の罪に関し、判例通説は、首魁をも含めて全員現場において身体的に参加することを要するものとしていることは参考とすべきであろう）、本罪の集団犯としての特質やその社会的実体に鑑みて特に許されるものと信ずるのである」（なお、ドイツ刑法の〃首魁〃(Rädelsführer)につき、後述三の二、前述一の二のほか、武安・前掲法曹時報一一巻一〇号三九頁参照）。すでに述べたように（一の二）、わが刑法一〇六条一号にいう「首魁」は、ドイツ刑法の “Rädelsführer” とは性質を異にし、旧刑法一三七条にいう「教唆者」の要素をも含んだものと解することによつて、判例【42】【43】の解釈も、理論的に正当化せられるのだと考える。なお、判例【27】—【29】は、首魁の有無は本罪の成立に影響なしとしているが、それも、ドイツ刑法の “Rädelsführer” とは異るわが刑法の「首魁」の性質を、右のように解することによつて、よりよく根拠づけられよう。いわゆる群集の指導者に当るものは、本条一号の「首魁」ではなくて、むしろ本条二号の指揮者の方なのである。

なお、同趣旨の判例として、次のようなものがある。

【44】（上告理由）「騒擾罪ノ首魁トハ多衆ヲ指揮統率シ刑法第百六条本文ノ実行行為ヲ担当スルモノヲ指称セルモノナルヲ以テ本件ノ場合被告マツヲ前記法条ニ問擬処断スルニハ被告マツニ於テ右実行行為ヲナシタル事実アルコトヲ要シ若シ同条第一、二、三号ノ実行行為ヲ為ササル以上ハ教唆罪ノ成立スルハ格別右一、二、三ノ実行正犯アリト云フヲ得ヘキモノニアラス」

（判旨）「単ニ他人ニ対シ騒擾行為ヲ為スコトヲ教唆シテ其実行ヲナサシメタルニ止ラス騒擾ヲ惹起スル目的ヲ以テ自ラ首唱画策シ首謀者トシテ行動シタル結果予期ノ如ク多衆聚合シテ暴行脅迫ヲ為スニ至リタル以上ハ縦令其多衆ヲ指揮統率セス又其全体ノ上ニ実力ヲ有セス将タ又自ラ暴行脅迫ヲ為ササルモ刑法第百六条第一号ニ所謂首魁ヲ以テ論スヘキモノニシテ原判示ニ依レハ被告マツハ昨夏米価暴騰ニ基因スル騒擾全国各地ニ勃発シ奈良市ニ於テモ八月十三日夜市民数十名聚合シ米価値下交渉ノ為メ米商松山増蔵方付近ニ押寄セタルモ其筋ノ警戒ニ依リ空シク解散シタルコトヲ聞知シ同夜原審相被告信雄ニ対シ是集団ノ員数寡少ナルヨリ其効ヲ奏セサルモノニシテ若シ多衆ヲ聚合セシムルニ於テハ群衆ノ趨勢ハ他地方ノ例ニ倣ヒ米商ニ押寄セ暴行脅迫ヲ為シ米商ヲシテ米価ノ値下ヲ為スニ至ラシム可シトノ意見ヲ告ケテ多衆聚合ノ機会ヲ与ヘンコトヲ提議シ信雄ノ賛同ヲ得テ茲ニ両名共謀ノ上多衆ヲ同市公園内赤堂前ニ聚合シ其合同力ニ依リ騒擾行為ヲ為サシメンカ為メ市内数个所ニ右赤堂前ニ聚合スヘキ旨ノ貼紙ヲ為サンコトヲ画策シ『米高ニ付キ意見アルモノハ十四日午後七時赤堂ニ集合』ナル文詞ヲ記載シタル貼紙ヲ信雄ニ於テ通行頻繁ナル市内四个所ニ貼付シタルヨリ其貼紙ヲ見聞シタル同市民約一千名ハ貼紙記載ノ日時場所タル十四日夜右赤堂前ニ聚合シ被告等ノ予期セル如ク一団トナリテ前記米商松山方ニ押寄セ判示ノ暴行ヲ為シ公共ノ騒擾ヲ惹起シタリト云フニ在リテ被告マツカ共謀者信雄ト共同一体ノ関係ニ於テ判示騒擾ノ首謀者トシテ行動シタルモノニシテ単ニ騒擾ヲ教唆シタル者ニ非サルコト明瞭ナレハ原判決カ被告マツヲ騒擾罪ノ首魁ヲ以テ論シタルハ相当ニシテ所論

ノ如キ違法ノ裁判ニアラス論旨ハ理由ナシ」（大判大八・五・一七刑録二五・六四六）。

右の判旨には、無条件に賛成することはできない。わたくしは、この事案の場合、上告理由の言うように、騒擾罪の教唆犯として、刑法一〇六条二号の法定刑により処断した方がよかつたのではないかと考える。判旨には教唆犯を従属的犯罪と考える先入観が感ぜられるが、それはともかく、首魁は、やはり、多衆全体の上に実力を有する者か、少なくとも判例【42】のいうように、「騒擾全般ニ亘リ多衆ニ対シ」「首動者タル役務ヲ執ル者」に限るべきではあるまいか。その意味で、次の判例の判旨は妥当である。

【45】「本件が騒擾罪たるを妨げないことは、前点について説明したとおりである。そして、騒擾罪の首魁とは主動者となり首唱劃策し、多衆をして其の合同力により暴行又は脅迫を為すに至らしむる者を謂い、必ずしも暴行脅迫を共にし、若しくは現場に在つて総括指揮することを必要とするものではない。されば、被告人原田が殺傷行為の現場において集団の総括指揮者たる行動をしなかつたとしても同人が本件騒擾の首魁たることを妨ぐるものではない。そして原判決は、同被告人が兄弟分たる石井、森岡、池田等と共に爾余の被告人等に対し親分という優勢な地位を有するものであつて、その配下たる地位にある爾余の被告人等多衆が集合して判示岩野、古賀その他一味の者を殺害又は傷害すべきことを判示日時、場所において協議決定し判示二十数名の配下に対し右の企図を告げ、ことに被告人原田の音頭により全員拍手し又は乾盃して大いに気勢を挙げる等共謀し、被告人原田が本件騒擾を左右すべき地位にあつた者の一人であつた旨を判示しているから、原判決の認定は、同被告人が本件騒擾の首魁としての判示として欠くるところないものというべく、原判決に所論の違法はない」（最判昭二八・五・二一刑集七・五・一〇五六、前出【2】と同一判例、〔研究〕高田（義）・警察研究二六巻四号六二頁、秋山・法学セミナー一六九号三二頁）。

二　指揮者および率先助勢者

（一）指揮者

刑法一〇六条二号の指揮者については、次の判例がある。

【46】（事実）「横浜市鶴見区潮田町所在日本鋳造株式会社職工二百余名ハ曩ニ日本労働評議会所属ノ関東金属労働組合ニ加入シ居リタルカ同職工間ニ軋轢ヲ生シ大正十五年十月頃約五十名カ別ニ共誠会ト称スル団体ヲ組織スルヤ評議会側職工等ハ共誠会側ノ職工ヲ目シテ会社ノ御用党ナリトシ其ノ作業ヲ妨クル者アルニ至レルヨリ同会社カ同年十一月二十三日及翌二十四日ノ両日ニ亙リ其ノ主謀者ト認メタル鈴木与作等十余名ヲ解雇シタルヨリ被告人金沢一馬等ハ会社ニ対シ其復職ヲ要求シタルモ容レラレサリシ為評議会側職工等ハ遂ニ同月二十七日同盟罷業ヲ決行シ同町二千四十四番地古川儀八方ニ争議団本部ヲ同町二千四百二番地ニ警備隊詰所ヲ置キ」「警備隊ハ之ヲ二分隊ト為シ一分隊ヲ各七班ニ分チ以テ結束ヲ固メ会社ニ対抗シタルカ共誠会側職工ハ依然会社ニ出勤シ作業ヲ継続シタル為罷業団ハ其ノ目的ヲ遂クル能ハサルヨリ同年十二月八日夜前記警備隊詰所ニ於テ其ノ翌朝共誠会員等出勤ノ途次之ヲ道ニ要シテ襲撃センコトヲ謀議シ各班ノ編制替ヲ為シ翌九日八時頃評議会側職工等約七十余名ハ同町字浜町二千四百九十八番地豆腐商中島米吉方前街路ニ於テ折柄会社ニ出勤セントシテ通行中ノ共誠会側職工約五十名ヲ襲撃シ薪又ハ棒ヲ以テ之ヲ殴打シ或ハ投石シ同所附近民家ノ硝子戸雨樋等ヲ破壊シ又ハ黒沢鶴松　津島金次郎外数名ノ負傷者ヲ生スルニ至リ以テ騒擾ヲ為シタルカ該騒擾ニ関シ

第一金沢一馬小山内喜一郎上田実矢浦卯之松ハ該争議団ノ幹部ニシテ前記大正十五年十二月八日夜ノ謀議ニ参与シ被告人金沢一馬ハ議長トシテ共誠会員襲撃ノ議ヲ纏メ且自ラ編制替ノ衝ニ当リテ班長ヲ指名シ被告人小山内喜一郎上田実矢浦卯之松ハ右編制替ニ当リテ各班長ト為リ班員ヲ統率シ翌九日ノ暴動ノ際同被告人等四名ハ孰レモ其ノ現場ニ臨ミ以テ多衆ヲ指揮シ」たものである。

（上告理由）「原判決理由第一ノ事実ハ要スルニ被告人等四名カ謀議ニ参与シタルコトト多衆ヲ指揮シタ

ルコトノ二点ヲ挙示シタルモノナリ然レトモ右ノ内謀議ニ参与スルコトハ内乱罪ニ於テハ犯罪構成要素ナレトモ騒擾罪ニ於ケル犯罪構成要素ニ非サルコトハ法文上明白ナリ又謀議ニ参与スルコトカ直接或ハ間接ニ騒擾ノ指揮ニ該当スルヤ否ヲ考フルニ之亦該当セスト謂ハサルヘカラス何トナレハ指揮トハ騒擾ニ関スル計画乃至決議或ハ命令ト異リ現ニ動員サレタル多衆ニ対シテ之カ行動ノ具体的方法ヲ指示シ以テ指揮者ノ意図ニ基キ多衆ヲ行動セシムルノ謂ナリ然ルニ本件ニ在リテハ原判決後段証拠説明ノ条ニ於テ原判決ノ摘示シタル事実ヲ認ムヘキ何等ノ証拠ナキコト原判決自体ニ徴シ明白ナリ然ラハ原判決ハ証拠ニ因ラスシテ事実ヲ認定シタル違法アルモノナリ」

（判旨）「苟モ騒擾ノ謀議ニ参与シ議長トシテ暴動ノ議ヲ纏メ且自ラ多衆各班ノ編制替ノ衝ニ当リテ班長ヲ指名シ又ハ右編制替ニ当リテ各班長ト為リ班員ヲ統率シテ暴動ノ現場ニ臨ミ予期ノ如ク多衆聚合シテ暴行又ハ脅迫ヲ為スニ至ラシメタル者ハ縦令現場ニ於テ多衆ニ対シ行動ノ具体的方法ヲ指示セサリシトスルモ仍ホ刑法第百六条第二号前段ニ所謂他人ヲ指揮シタル者ト謂フヲ妨ケス蓋シ同法条第二号前段ニ所謂他人ヲ指揮シタル者トハ多衆聚合シテ暴行又ハ脅迫ヲ為スニ際シ多衆ノ一部若ハ全部ニ対シ指揮ヲ司ル者ヲ指称スルモノニシテ之カ指揮ヲ司ル行為ハ多衆暴行又ハ脅迫ノ決行中現場ニ於テスルト将タ其ノ事前他ノ場所ニ於テスルトニ依リ其ノ効果ヲ異ニスヘキモノニ非サレハナリ原判示事実ニ依レハ」「翌九日暴動ノ際同被告人等四名ハ孰レモ其ノ現場ニ臨ミ以テ多衆ヲ指揮シタル旨判示シアリテ右被告人等四名ノ所為ハ刑法第百六条第二号前段ニ所謂他人ヲ指揮シタル者ニ該当スルヤ論ヲ俟タス而シテ原判示事実殊ニ被告一馬喜一郎実卯之松ノ四名カ原判示ノ如ク多衆ヲ指揮シタル事実竝多衆各班ノ編制替カ共誠会員等襲撃ノ目的ニ出テタル事実ハ原判決挙示ノ各証拠ヲ綜合シ優ニ之ヲ認メ得ヘク原判決ハ所論ノ如ク証拠ニ依ラスシテ事実ヲ認定シタル違法アルモノニ非ス論旨理由ナシ」（大判昭五・四・二四刑集九・二六六）。

右の判例は大体妥当なものと考えるが、わたしとしては、右の判例において、被告人が単に騒擾の謀議に参与しただけでなく、更に、「暴動ノ際同被告人等四名ハ孰レモ其ノ現場ニ臨ミ以テ多衆ヲ指揮」している点を、とくに重視したい。そして、刑法一〇六条二号前段に「所謂他人ヲ指揮シタル者トハ多衆聚合シテ暴行又ハ脅迫ヲ為スニ際シ多衆ノ一部若ハ全部ニ対シ指揮ヲ司ル者ヲ指称スル」というのはよいが、その指揮は、多衆暴行または脅迫の現場において為されなければならない。もし、その事前他の場所において為されたときは、騒擾罪の教唆犯として刑法一〇六条二号の法定刑をもつて処断すべきである。単に「其ノ効果ヲ異ニスベキモノニ非」ずということだけで、法の明文に反することは許されない。そして、それを教唆犯と解することによつても、「其ノ効果ヲ異ニス」ることにはならないのであるから、文理的にも実質的にもそう解する方が妥当なのである。この点については、前節(一四七頁)に引用した伊達教授の所説を参照せられたいが、わたくしは、わが刑法一〇六条二号前段の指揮者は、次に述べるような、ドイツ刑法の "Rädelsführer" の解釈と一致すべきものと考える。

ドイツ刑法の "Rädelsführer" は、多衆の聚合に加つた者で、精神的または肉体的に指導的な役割を演じた者をいうのであつて、それはその多衆の聚合 (Zusammenrottung) の最高指導者とは限らない。たとえ内心では反対でも、外から見て指導的な役割を演じており、且つその活動が多衆によつて是認と指導として見られていることを意識している場合は、"Rädelsführer" たり得るのである(Schönke-Schröder, StGB. 9. Aufl. S. 543)。しかも、"Rädelsführer" も多衆の聚合に加つた者として、多衆との場所的関連(räumliche Zusammenhang mit der Menge) が必要であるとせられていることに、とくに注意しなければならないであろう(Vgl. Schönke-Schröder, ibid. S. 563 f.; Maurach, Bes. Teil, 3 Aufl. S. 566; Frank, StGB. 11.-14. Aufl. S. 234-§ 115 Anm. IV, 1; Hippel, VDB. 2. Bd. S. 9 f.; Hippel, Lehrbuch. S. 356 Anm. 1; Meyer-Allfeld, Lehrbuch, 8. Aufl. S. 498 Anm. 9; Welzel, Das deutsche Strafrecht, 7. Aufl. S. 433; Niethammer, Lehrbuch, 1950, S. 25; Kohlrausch-Lange, StGB. 42. Aufl. S. 332, 342; Heilborn, Der Landfriedensbruch nach dem Reichsstrafgesetzbuch, ZStW. 18. Bd. S. 211 f.）。

（二）　率先助勢者　率先助勢者については、まず、次のような判例の見解は、大体において妥当なものと考えられる。

【47】「刑法第百六条第二号ニ規定スル他人ニ率先シ勢ヲ助ケタル者トハ多衆聚合シテ暴行又ハ脅迫ヲ為スニ際シ多衆ニ擢ンテ其ノ騒擾ノ勢ヲ助長スル行為ヲ為シタル者ヲ謂ヒ其ノ者カ場所的ニ多衆ニ先チ又ハ時間的ニ多衆ニ先ツコトヲ必要トセス従テ騒擾団体ノ一員トシテ言語挙動ヲ以テ特ニ騒擾ノ程度ヲ増進スヘキ有力ナル声援ヲ与フルカ如キハ即チ之ニ該当スルモノトス」「原判決ノ事実認定ノ趣旨ニ依レハ被告ハ株式会社奥村電機商会ノ一職工ニシテ同会社ノ職工カ会社ニ対スル要求ヲ貫徹セシカ為会社ノ門前ニ集合シ示威運動ヲ為スヘキ申合ヲ為シ連日之ヲ挙行シタル処遂ニ約三百名ノ者一団ト為リ鬨声ヲ揚ケ会社ノ標柱ヲ抜キ石ヲ投シテ其ノ地方ヲ騒擾シタル際自ラ群衆ニ加ハリ俺ノ手ニハ決死隊カアルカラ安心シテ遣レト呼号シテ気勢ヲ添ヘタルモノニ係ルヲ以テ其ノ行為ハ叙上ノ理由ニ依リ刑法第百六条第二号ノ率先シテ勢ヲ助ケタル者ニ該当スルモノト謂フヘク原判決カ事茲ニ出テスシテ之ヲ同条第三号ニ問擬シタルハ法令ニ違反スル裁判ナリトス故ニ本趣意ハ理由アリ原判決ハ破毀ヲ免レス」（大判大一三・二・六刑集三・七〇）。

【48】「刑法第百六条ニ所謂勢ヲ助ケトハ広ク騒擾ヲ容易ナラシムル行為ニシテ声援ハ勿論多衆ト共同シテ自ラ暴行ヲ為シタル事実ヲモ包含スヘキモノトス原判決ニ依レハ被告松平ハ村長ノ手ヲ捕ヘ多衆ハ村長ヲ乱打シ数回其付近ノ水田中ニ突落シテ暴行ヲ加ヘトアリテ被告カ多衆ニ率先シテ暴行ヲ為シタル事実ナルヲ以テ原判決ハ騒擾ノ勢ヲ助ケタル事実ノ説明ニ欠クル所ナク論旨ハ理由ナシ」（大判明四四・三・二刑録一七・二四四）。

右の二判例のうち、判例【47】は声援に関するものであり、判例【48】は暴行に関するものであるが、判例【48】が「声援ハ勿論」としている点は問題である。判例【47】の事案について原判決が刑法一〇六条三号に問擬していることから考えても、声援による率先助勢については、その具体的内容が慎重に検討されなければならない。安易にそれを判例【48】のように一般化することは許されない。単なる声援は、むしろ刑法一〇六条三号に問擬すべきものであろう。しかし、判例【47】の事案の内容は、率先助勢としてもよいであろう。一般に、判例【48】よりも【47】の方が判旨が慎重妥当であるが、声援による率先助勢は、判例【47】の言うように、「特ニ騒擾ノ程度ヲ増進スベキ有力ナル声援」に限らるべきであろう。なお、「暴行ヲ以テスル助勢」については、次のような判例がある。

【49】（上告理由）「原審ノ認メタル事実ニ依レハ被告新三郎ハ衆ニ率先シ鳶口ヲ以テ石村才次郎方入口ノ蔀障子及ヒ吉田吉松方仕事場ノ雨戸ヲ各破壊シ尚右吉松方屋内ニ喞筒ニテ井水ヲ注入シ以テ多衆ノ勢ヲ助ケタリトアリテ之レカ証拠トシテ被告カ第二審公廷ニ於ケル供述及ヒ其第二回予審調書ヲ援用セラレタリ然レトモ」「被告ノ公廷ニ於ケル供述及ヒ第二回予審調書ニ依レハ暴行ノ事実ハ之レヲ認メ得ヘキモ他人ニ率先シテ暴行ヲ助勢スヘキ行為アリト認ムヘキ証拠ナシ原審ニ於テハ蓋シ喞筒ヲ突込ミテ水ヲ注キ又ハ鳶口ヲ以テ蔀障子或ハ仕事場ノ雨戸ヲ破壊シタル行為ヲ以テ暴行助勢ノ行為ト認メラレタルナランモ此等ノ行為ハ何レモ暴行ソレ自体ニシテ暴行助勢ノ行為ニアラス既ニ他ニ暴行ノ存スルアリテ而シテ之レカ勢ヲ助ケ其暴行ノ程度ヲヨリ以上ニ昂上セシムルニ於テ始メテ暴行助勢ノ行為ト認ムヘキヲ相当ト信ス例ヘハ共同被告ノ一人タル滝本直吉カヤレヤレト掛声ヲ為シタル如キ実ニ其適例ニ属ス前顕ノ理由ニテ正鵠ヲ得タリトセハ前審ニ於テ被告ニ対シ刑法第二百六条第二項ニ問擬シタルハ刑ノ適用ヲ誤リタル擬律ノ錯誤アリト云ハサルヘカラス」

（判旨）「騒擾罪ニ於ケル暴行ヲ以テスル助勢ハ助勢ニ適当ナル暴行ヲ為シ因テ暴行又ハ脅迫ノ為メ聚合セル多衆ノ集団ニ勢力ヲ添フルヲ謂フモノニシテ論旨ニ援用スル各証拠ニ依リ明ナル被告新三郎ノ暴行ノ如キ

ハ叙上集団ノ勢力ヲ添フルモノナルコトハ疑ヒヲ容レス且判示証拠ヲ綜合スレハ所論率先助勢ノ事実ヲ推断スルニ足ル論旨ハ所謂助勢ノ意義ニ於テ正当ヲ失スルノミナラス原審ノ職権ニ属スル証拠綜合判断ノ批難タルニ帰シ上告ノ理由ト為ラス」（大判大八・二・六刑録二五・九五、前出【35】とは別事件）。

【50】（上告理由）「原判決ハ其ノ事実理由ニ於テ『一被告富次ハ白倉某ノ頭部ヲ殴打シ以テ他人ニ率先シテ騒擾ノ勢ヲ助ケ……三被告人宥全ハ白倉某ノ頭部ヲ殴打シテ以テ他人ニ率先シテ騒擾ノ勢ヲ助ケ』ト判示シタリ然ルニ其ノ証拠説明ノ部ニハ『被告人富次ニ対スル予審第二回訊問調書……白倉ハ遂ニ自分等ノ願ヲ聴カサリシ故大勢ノ小作人等カ茶ノ間ヨリ一時ニナタレ込ミ自分モ夫ニ押サレ思ハス前方ヘ倒レ漸ク立上リタルトコロ其ノ時ニハ大勢ノ小作人カ白倉ノ頭ヲ手拳ニテ乱打シ居リタルカ自分モ此ノ男カ世間テ不徳漢ト噂セラレテ居ル原某ノ一ノ乾児ト聞知シ居リタルヲ以テ怒リ一時ニ発シ数回鉄拳ヲ以テ白倉ヲ殴リ又他ノ小作人等モ自分ト前後シテ白倉ノ頭ヤ身体ヲ殴リタル旨ノ記載』『被告人宥全ニ対スル予審第一回調書中同人ノ供述トシテ判示騒擾ノ際自分ハ諸橋方軒下ニ立チ居タル所白倉某カ大勢ノ為屋内ニ押戻サレントシ自分ノ側ニ参リタルヲ自分ハ同人ノ頭部ヤ肩ノ辺リニ三回拳骨ニテ殴打セル旨ノ記載』ト説明シアルノミニテ是ニ由レハ被告富次宥全ハ既ニ騒擾カ起リ他ノ者カ白倉某ヲ殴打シタル後之ニ附随シテ同人ヲ殴打シタリト云フニ在リテ原判決摘示ノ如ク他ニ率先シテ右白倉某ヲ殴打シ以テ騒擾ノ勢ヲ助ケタリト認ムヘキ証拠ハ之ヲ挙示スル所ナシ然ラハ原判決ハ証拠ニ憑ラスシテ事実ヲ認定シタル違法アルモノト信ス」

（判旨）「騒擾罪ニ於ケル暴行カ率先助勢タルニハ該暴行カ騒擾ノ当初ニ行ハルルコトヲ必要トセス其ノ中途ニ於テ行ハルルモ多衆ニ擢テ騒擾ノ勢ヲ助長シタルトキハ即率先助勢ノ行為アリタルモノト為スヲ妨ケス而シテ原判決ノ挙示セル証拠ニ依レハ被告人富次同宥全ハ判示騒擾ニ際シ判示ノ率先助勢行為アリタル事実ヲ証明スルニ十分ナルヲ以テ論旨ハ理由ナシ」（大判昭二・一二・二〇刑集六・五三六、前出【17】と同一判例）。

判旨は、いずれも妥当である。ただ、次の判例は、同趣旨の判例ではあるが、一応、問題になり得ると考える。

【51】「刑法第百六条第二号ニ所謂率先シテ勢ヲ助ケタルモノトハ他人ヲ指揮スルニアラス又附和随行スルニアラスシテ広ク衆ニ抽ンテテ特ニ騒擾ノ勢ヲ増大スル行為ヲ為シタルモノヲ指称シ特ニ多衆ノ先頭ニ立チテ或ハ共同シテ暴行脅迫ヲ為シ或ハ多衆ヲ激励シテ暴行脅迫ヲ為サシムル者ノミノ謂ニアラスシテ多衆カ一集団ヲ成シ将ニ暴行脅迫ヲ開始セントスルニ臨ミ其集団ニ向ヒ其決行ヲ促ス趣旨ノ演説ヲ為シ以テ之レヲ煽動鼓舞シ因テ多衆ヲシテ勢ヲ得テ目的ノ場所ニ向ヒ殺到シ暴行脅迫ヲ為スニ至ラシメタル者ノ如キ亦之ニ属スルモノト云フヘク縦シ聚合ノ場所ニ於テ叙上ノ行為ヲ為シタルニ止マリ爾後暴行脅迫ヲ為シタル多衆ト行動ヲ共ニセサルトキト雖モ其行為ハ集団ノ暴行脅迫ノ行為ト相待テ騒擾罪ヲ構成スルモノト解スルヲ相当トス蓋シ多衆ノ暴行脅迫ヲ為ス勢ヲ増大スル行為ハ挙動ヲ以テスルト言語ヲ以テスルトニ依リ又ハ暴行脅迫ノ決行中ニ於テスルト其事前ニ於テスルトニ依リ若クハ暴行脅迫ノ決行ノ現場ニ於テスルト其以前集団ノ聚合シタル場所ニ於テスルトニ依リ其効果ヲ異ニスヘキモノニアラサレハナリ本件原判決ノ趣旨ハ大正七年八月米価暴騰ノ為メ各所ニ騒擾突発シ人心動揺セル際原審相被告タリシ星野重三郎ハ新潟市内ニ於テモ多衆集合スルニ於テハ自ラ暴行ノ勃発ヲ見ルニ至ルヘシト期待シ同月十六日夜同市内三ケ所ニ十七日夜市民白山公園ニ来レトノ趣旨ヲ記載シタル貼紙ヲ為シ翌十七日夜同公園ニ赴キ多衆ノ来集ヲ待チシニ右貼紙ヲ見又ハ伝聞シタル市民多数ハ之レ騒擾ヲ為スカ為メナリト思惟シ之レニ加ハランカ為メ同公園ニ集合シ一団ヲ為スニ至リタル所被告次作ハ其一員トシテ衆ニ向ヒ東京大阪福島地方ニテハ米価騰貴ノ為メ暴動起リ福島地方ニテハ第二師団ノ砲兵出動セリトノコトナルカ新潟ハ高田師団遠キ為メ容易ニ来リ得ヘクモアラス同夜ハ願随寺ト白山トニ集マリタルモノ相合シテ暴動ヲ為ストノコトナルカ愈決行スルナラハ巡査ヲ縛シ鐘ヲ叩キ多衆ノ集合スルヲ待チ鍵三タ鍵三タ（新潟市ノ富豪鍵富三作ヲ指ス）ト云ヘハ衆ハ皆其所ニ向フヘシトノ旨ヲ述ヘテ激励シ」「被告糸蔵モ亦其一員トシテ衆ニ向ヒ遣レ遣レ大ニ遣レ騒動タ騒動タ鐘太鼓ノ如キハ旧式ナリ文

明的ニ喇叭ニ限ル片端カラ放火セヨト煽動シ星野重三郎モ亦米商ノ不当ナル行動ヲ指摘シ且ツ長岡市ノ川佐ノ焼打ニ遭ヘルコトヲ報告シタルヨリ群集ハ長岡ニテ為セシナラハ新潟ニテモ為スヘシト叫ヒタルニ乗シ重三郎等十数名ハ遣レ遣レト叫ヒツツ率先シテ駈出セシヨリ群衆ハ喊声ヲ揚ケツツ之レニ随ヒ行ク行ク同市横一番堀通リノ人家ニ砂利ヲ投シ同市大川前通リ藤田九二宅ニ瓦礫ヲ投シテ障子硝子数十枚ヲ破壊シ同町ノ鍵富三作方ニ砂利ヲ投シ以テ騒擾ヲ為シタルモノニシテ被告等ノ所為ハ率先シテ勢ヲ助ケタルモノナリト云フニ在リテ被告次作、重一郎、糸蔵カ白山公園ヨリ駈出シタル一団中ニ加ハリ居リシ事実ハ原判決ノ認メサル所ナルモ判示ノ如ク一団ノ多衆カ将ニ暴行脅迫ヲ決行セントスルニ臨ミ過激ノ言語ヲ以テ激励鼓舞シ遂ニ多衆ヲシテ勢ヲ得テ目的ノ場所ニ殺到シ判示ノ暴行脅迫ヲ為スニ至ラシメタル以上ハ被告等ノ各行為ハ前説明ノ趣旨ニ照シ騒擾罪ヲ構成スルコト疑ナク自ラ暴行脅迫ノ場所ニ臨マサルノ故ヲ以テ率先助勢者タルノ責ヲ免ルルヲ得サルモノトス故ニ原審カ被告等ノ所為ヲ刑法第百六条第二号ニ問擬シタルハ正当ナリ」（大判大八・六・二三刑録二五・八一一）。

右の判例が、その事案の内容から見て妥当なものであることを、否定するつもりはない。しかし、それは、あくまでその煽動演説が、「多衆ガ一集団ヲ為シ、将ニ暴行脅迫ヲ開始セントスルニ臨ミ」、その多衆聚合の場所において行われたという条件の下でのことであって、それから、たとえば、助勢者は暴行脅迫を為したる多衆と行動を共にすることを要せず、というように一般化せられることには疑問を感ずるからである。すなわち、すでに述べたように（一の二、および三の一）、「首魁」には教唆者の要素も含まれていると考えるので、必ずしも現実に身をもって騒擾に参加することを必要としないが、しかし、刑法一〇六条三号にいう附和随行者についてはもちろん、本条二号の「他人ヲ指揮シ又ハ他人ニ率先シテ勢ヲ助ケタル者」も、すべて本条にいう「多衆聚合シテ」暴行または脅迫をなした者という構成要件に該当したものでなければならない。したがつて、その多衆聚合の外部にあつて騒擾行為に関与する者については、共犯をもつて論ずべきである。その意味で、次の判例は問題である。

【52】（上告理由）「原判決ハ事実理由第二ノ（ト）ニ於テ『被告森本辰二郎ハ云々右勇楽館ニ於ケル会合ノ結果投票ヲ奪還スル為メ上市町ヲ襲フコトト為リタルコトヲ聞知スルヤ云々区民数十名ヲ招集セシメ之ヲ増口方面ニ出動セシメタル後自ラ区民ニ給与スヘキ糧食ヲ準備シ以テ衆ニ率先シテ騒擾ノ勢ヲ助ケ』ト認定シ刑法第百六条第二号ヲ適用処断シタリ然レトモ被告人ハ勇楽館ノ会合ニ参加セス又増口及其附近ニ赴キタルコトナシ而シテ原判決第二ノ冒頭ニ判示セルトコロニ依レハ増口及其附近ニ於ケル群衆ヲ以テ所謂騒擾団体ト認メタルモノナラン果シテ然レハ此団体ニ加ハリタルコトナキ被告ニ対シ騒擾ノ勢ヲ助ケタリトノ事実生シ来ルヘキ謂ナシ糧食準備ノ事実ハ率先助勢ニアラス」

（判旨）「刑法第百六条第二号ニ所謂他人ニ率先シテ勢ヲ助ケタル者トハ広ク衆ニ抽テテ騒擾ノ勢ヲ助長スル行為ヲ為シタル旨ヲ指称スルコト解釈上疑ナキ所ニシテ多衆聚合シテ暴行脅迫ヲ為スニ際シ相当多数ノ人ヲ招集シテ其ノ集団ニ参加セシムル者ノ如キハ騒擾ノ勢ヲ増進スヘキ有力ナル行為ヲ為シタル者ニ外ナラサレハ縦令自ラ其ノ集団中ニ現在セサルモ又自ラ暴行脅迫ヲ為ササルモ率先助勢者ニ該当スルモノト謂ハサルヘカラス又多衆聚合シテ暴行脅迫ヲ為スニ際シ糧食ヲ供給スルカ如キハ団員ノ元気ヲ鼓舞シ騒擾ノ勢ヲ助長スル行為ニ外ナラスト雖単ニ集団ニ供給スヘキ糧食ヲ準備シタルニ止リ現ニ之ヲ供給セサルニ於テハ未タ以テ騒擾ノ勢ヲ助ケタリト謂フコトヲ得サルヤ論ヲ俟タス原判決ノ認定シタル事実ハ大正十二年九月二十五日挙行ノ奈良県々会議員選挙ニ際シ」「増田派ニ属スル上市町民ハ大淀町投票所ノ内外ニ於ケル俵本派ノ投票関渉及暴行ノ事実ヲ聞知スルヤ翌二十六日開票ニ際シ吉野郡役所内選挙会場ニ闖入シ投票中ノ投票百数十票ヲ奪取シタルニ依リ俵本派タル大淀町民側ニ於テハ之カ対策ヲ講スル為大淀町会議員区長及有志ノ者等ハ同町旅館兼料理屋業ナル勇楽館ニ会合シタルカ席上暴力ヲ以テ投票ヲ奪還シ選挙ヲ無効ニ帰セシムルニ如カ

スト主張スル者多ク期セスシテ同夜直ニ区民ヲ招集シテ投票ヲ奪還スル為上市町ヲ襲ハントスルニ一致シ一斉ニ席ヲ立チ各自居大字ニ帰リ翌二十七日午前ニ至リ或ハ梵鐘ヲ撞キ或ハ急使ヲ馳セテ区民ヲ招集シ区民モ亦之ニ応シテ竹槍棍棒ヲ携ヘ途中増田派ニ属スル金正嘉吉方表戸ヲ破壊シ同家ニ乱入スル等ノ暴挙ヲ敢テシ続々上市町ト境スル増口及其ノ附近ニ押寄セ其ノ数千数百名以上ニ達シ奈良県警察部ニ於テハ約三百名ノ警察官ヲシテ右境界地附近ニ配置シ極力之レカ解散ニ努メタルモ其ノ効ナク」「或ハ警察官ノ搭乗セル自動車ニ竹槍ヲ突キ付ケ或ハ増口小学校ノ石段ニ立チテ鎮撫演説ヲ為セル御所警察署長蒲与之助ニ対シ刺シ殺スヘシトテ竹槍ヲ突キ付ケ以テ多衆聚合シテ暴行脅迫ヲ敢テシ騒擾ヲ為シタルカ其ノ際大淀町大字北六田区長ニシテ俵本派ノ運動者ナル被告森本辰二郎ハ前記勇楽館ニ於ケル会合ノ結果投票ヲ奪還スル為上市町ヲ襲フコトトナリタルコトヲ聞知スルヤ辻本力松夫妻ヲシテ同区民数十名ヲ招集セシメ之ヲ増口方面ニ出動セシメタル後自ラ区民ニ給与スヘキ糧食ヲ準備シ以テ衆ニ率先シテ騒擾ノ勢ヲ助ケタリト云フニ在リテ之レニ依レハ被告辰二郎ハ本件騒擾ニ際シ多数ノ区民ヲ招集シテ其ノ集団ニ参加セシメタルモノナレハタトヒ自ラ集団中ニ現在セサルモ又自ラ暴行脅迫ヲ為ササルモ其ノ行為ハ刑法第百六条第二号ニ所謂他人ニ率先シテ騒擾ノ勢ヲ助ケタル者ト謂ハサルヘカラス然ラハ原判決ノ擬律ハ正当ニシテ同判決ニ於テ同被告カ其ノ準備シタル糧食ヲ騒擾団体ニ供給シタル事実ヲ認メス単ニ準備ノ事実ヲ捉ヘテ恰モ騒擾ノ勢ヲ助ケタルモノノ如ク判示シタルハ失当ナルモ其ノ瑕疵ハ同被告ニ対スル原判決ニ影響スル所ナキヲ以テ論旨ハ理由ナシ」（大判昭二・六・二七新聞二七一六・一五）。

【53】「刑法第百六条第二号ニ所謂他人ニ率先シテ勢ヲ助ケタル者トハ広ク衆ニ抽テキ騒擾ノ勢ヲ助長スル行為ヲ為シタルモノヲ指称シ特ニ多衆ノ先頭ニ立チテ或ハ自ラ暴行脅迫ヲ為シ或ハ多衆ヲ激励シテ暴行脅迫ヲ為サシメタル者ノミヲ指スモノニ非スシテ多衆カ一集団ヲ成シ特ニ暴行脅迫ヲ開始セントスルニ臨ミ其ノ集団ニ向ヒ其ノ決行ヲ促ス旨趣ノ演述ヲ為シテ之ヲ煽動シ因テ多衆ヲシテ勢ヲ得テ目的ノ場所ニ殺到セシ

メ暴行脅迫ヲ為シタル者ノ如キモ亦之ニ属スルモノナルコト当院判例（大正八年（れ）第七四一号同年六月二十三日判決）ノ示ス所ナリ本件ニ付原判決カ証拠ニ依リ認メタル事実ニ依レハ大正十四年二月二十三日夜土木請負業片山光次一派及其ノ同志数十名カ片山方付近ニ集合シテ即夜同業浅田新太郎居宅ヲ襲撃シテ暴行脅迫ヲ為サンコトヲ協議シ同夜十一時過頃竹槍日本刀等ノ兇器ヲ携ヘテ出発セントスルニ際シ被告源三郎ハ右集団ニ対シ遣ルナラ性根ヲ極メテ遣レト叫ヒテ其ノ決行ヲ促シ煽動シ因テ多衆ヲシテ勢ヲ得テ途中相合シタル者ト一団トナリテ新太郎居宅ニ殺到シ判示ノ暴行脅迫ヲ為スニ至ラシメタルモノナレハ縦令多衆ノ先頭ニ立チテ或ハ自ラ暴行脅迫ヲ為シ或ハ多衆ヲ煽動シテ暴行脅迫ヲ為サシメサルモ被告源三郎ノ行為ハ前記法条ニ所謂率先助勢ニ該当スルヲ以テ原判決ノ擬律ハ正当ニシテ論旨ハ理由ナシ」（大判昭二・一〇・二七新聞二七七五・一三）。

右の二判例は、いずれも多衆聚合して暴行脅迫を行なう騒擾の現場の外にあつて騒擾行為に関与する者の処罰に関するが、まず、判例【52】の事案において、「暴力ヲ以テ投票ヲ奪還」するため上市町を襲うこととなつたのを知つて、そのため多数の区民を招集してその集団に参加せしめたというのであるから、その行為は騒擾罪の教唆をもつて論ずべきであり、刑法一〇六条二号の法定刑をもつて処断されるべきであろう。それに対して、判例【53】の方は、判旨も判例【51】を援用してはいるが、判例【51】と【53】では、事案の内容が大分異なるので、同じように妥当な判決ということはできない。判例【51】の判旨の不当な一般化ということができよう。だが、これを騒擾罪の共犯として論ずる場合にも、かなり困難な問題があるのを感ずる。それは、右の判例の判旨が他の箇所で述べているように、「被告源三郎カ右ノ如ク叫ヒタルトキ右集団ハ既ニ浅田新太郎居宅ニ殺到暴行シテ復讐センコトヲ決意シ居リテ被告源三郎ハ右集団カ新太郎居宅ニ殺到暴行セントスルコトヲ認識シテ」「将ニ右暴行ノ為集合地ヲ出発セントスル右集団ニ対シ右ノ如ク叫ヒ其ノ決行ヲ促シ」たので、これを騒擾罪の教唆犯として論ずることはできまい。とすれば、騒擾罪の従犯ということになろうが、果してそれで妥当か。従犯として罰する場合、その刑は、刑法一〇六条の何号を基準とするか。いろいろ問題があるように思われるが、それも群集犯罪としての騒擾罪の特質に由来するものということができよう。

ここでは、右の判例の上告理由が、「刑法第百六条第二号ニ規定スル率先助勢者トシテ処罰センニハ単ニ助勢ノ事実アルノミヲ以テ足レリトセス指揮又ハ率先ノ事実ヲ要スルナリ」(新聞二七七五・一三)としていることに注意しておきたい。単なる助勢は従犯的なものであり、それは刑法一〇六条の三号をもつて論ずべきもので、刑法一〇六条二号の率先助勢者として処罰するには、右の上告理由の言うように、法律的な意味において「率先」の事実を必要としよう。

三　附和随行者

（一）附和随行者については、次のような判例がある。

【54】「騒擾罪ハ多衆聚合シテ暴行脅迫ヲ為スニ因リテ成立シ而モ多衆中ニ加ハリタル者ハ縦令自ラ暴行脅迫ノ行為ヲ為ササルモ共同ノ力ヲ利用シ暴行脅迫ヲ為ス意思ヲ以テ之ニ加ハリタルトキハ現実暴行脅迫ヲ為シタル者ト共ニ一団トシテ集団其ノモノカ暴行脅迫ヲ為シタルモノト認メラルルモノトス而シテ原判示事実ニ依レハ被告人繁太郎ハ原判示冒頭説示ノ如ク多衆聚合シテ暴行脅迫ヲ為シタル際群衆カ金田栄太郎ヲ包囲シテ測量杭ヲ抜取ルヘキコトヲ強要シ騒擾ヲ逞シウセル現場ニ於テ該事実ヲ認識シ乍ラ其ノ群衆ノ一団ニ加ハリタリト云フニ在ルヲ以テ刑法第百六条第三号ニ所謂附和随行シタル者ニ該当スルヤ論ヲ俟タス従テ原判決カ被告人繁太郎ノ判示行為ヲ同条第三号ハ問擬シタルハ相当ニシテ所論ノ如ク擬律錯誤アルモノニ非ス

論旨理由ナシ」（大判昭二・六・八新聞二七三四・一一）。

【55】（上告理由）「証拠ニ依レハ留蔵福蔵トモ跡ヨリ行キタルモ先発ノモノ撃退サレ引還シタリトアリ故ニ両人ハ大勢ノ跡ヨリ行キタルノミ暴行又ハ脅迫ニ加ハリタルモノニ非ス苟モ刑法第百六条ヲ適用スルニハ暴行又ハ脅迫ノ行為ニ加功スルコトヲ要ス」「附加随行ト云フハ暴行又ハ脅迫ヲ他人ノ指揮又ハ命令ニ従ヒナシタルコトニアル可ク唯他人ノ暴行脅迫ヲ跡ヲ付テ見タルノミニテハ罪トナラサルモノトス原判決ニシテ他人ノ暴行脅迫ニ加ハラス唯面白半分ニ跡ヲ付ケ傍観シタル即チ俗ニ『ヤシ馬』ヲ罰スルノ法規ナリトセハ刑法ノ解釈ヲ誤リタルモノナリ」

（判旨）「共同シテ暴行又ハ脅迫ヲ為スノ意思ヲ有スル多衆カ一団ト為リタル場合ニ於テハ其団体ノ一部カ暴行又ハ脅迫ヲ為シタルトキト雖モ地方ノ静謐ハ之レカ為メニ害セラルルコト論ヲ俟タサルヲ以テ騒擾罪ハ右ノ如キ多衆ノ一部カ暴行又ハ脅迫ヲ為シタルトキハ直チニ成立シ多衆ノ全部之レカ責任ヲ負フモノニシテ必スシモ多衆ノ各自カ暴行又ハ脅迫ヲ為スヲ必要ト為サス従ツテ共同シテ暴行又ハ脅迫ヲ為スノ意思ヲ有シテ附加随行シタル以上ハ仮令其者ニ於テ暴行又ハ脅迫ヲ為ササルモ多衆ノ他ノ者カ之ヲ為シタルトキハ騒擾罪ノ附加随行者タル責任ヲ有スルコト勿論ナリ原判決ヲ通読スレハ被告留蔵福蔵ハ共同シテ暴行又ハ脅迫ヲ為スノ意思ヲ以テ多衆ニ附加随行シタリトノ趣旨ナルコト明瞭ニシテ単ニ其行動ヲ傍観スル如キ意思ヲ以テ多衆ニ尾行シタリト云フニアラサレハ原判決カ之ニ対シ刑法第百六条第三号ヲ適用シタルハ相当ナリ」（大判大四・一〇・三〇刑録二一・一七六六、前出【7】と同一判例）。

判旨は、いずれも妥当であるが、わたくしとしては、とくに「共同シテ暴行又ハ脅迫ヲ為スノ意思」の認定が慎重になされなければならないと思う。この点については、判例【41】の(3)の上告理由を是非参照せられたいが、「騒擾罪ノ故意」に関して大場博士が、次のように論じておられるのが注目される（大場「騒擾罪ヲ論ス」法学新報二〇巻五号六八頁以下）。

「騒擾罪ハ故意ヲ要スル犯罪ナレハ多衆聚合シテ為ス暴行又ハ脅迫ハ故意ニ基クヲ要ス独リ暴行又ハ脅迫ノ所為カ故意ニ基クヲ要スルノミナラス多衆聚合モ亦聚合シタル多衆人ノ故意ニ基クヲ要ス而シテ斯ル故意アル以上ハ多衆聚合シタル者ノ全部カ必スシモ現ニ暴行又ハ脅迫ヲ為スコトヲ要セス其聚合シタル者ノ中一部ノ人カ多衆ノ合同力ヲ藉テ暴行若シクハ脅迫ヲ為ストキハ其聚合シタル全部ノ人ハ騒擾罪ニ付キ責ニ任スヘキモノトス然レトモ之ニ反シテ多衆聚合及ヒ暴行若シクハ脅迫ニ関シテハ多衆人ニ故意ヲ欠如スルトキハ現ニ多衆聚合シタルノ事実アリ而シテ其多衆人中現ニ暴行又ハ脅迫ヲ為シタル者アリトスルモ之ニ加功セサル者ハ之ニ付キ何等ノ責任ナキモノトス換言スレハ聚合シタル者ハ多衆人ノ合同力ヲ以テスル暴行又ハ脅迫ヲ為サントスル聚合ニ加ハルノ故意アルヲ必要トス故ニ現ニ聚合シタル者ノ中斯ノ如キ故意ナキ者ハ騒擾罪ノ共犯ヲ以テ罰スヘキモノニ非ス例ヘハ多衆聚合シテ暴行ヲ為スニ当リ偶然其場ニ居合セタルカ為メ多衆中ニ混リ居リタル者ノ如キ又暴行ヲ見物センカ為メ同勢カ行クカ儘ニ之ニ随ヒ行キタルカ如キハ騒擾罪ノ共犯ニ非ラス

尚ホ此点ヲ一層明白ナラシメントスルニハ多衆聚合ノ故意ノ内容如何ヲ明ニスルヲ以テ捷径トス多衆聚合ノ故意ハ之ヲ二個ニ分チ説明スルヲ得其一ハ多数人カ相聚合シ其合同力ヲ藉リ自ラ暴行又ハ脅迫ヲ為サントスル故意ニシテ其二ハ斯ル暴行又ハ脅迫ヲ為サントスル多衆聚合ニ加ハラントスルノ故意ナリ此二者ノ中孰レカ其一ヲ有スルトキハ騒擾罪ノ要件タル故意ヲ具備シタルモノト謂フヘシ然ルニ此二者ノ中其一ヲ欠クトキハ身体ハ仮令共同力ヲ以テ暴行又ハ脅迫ヲ為ス多衆中ニアルモ之ニ依リ騒擾罪ノ共犯者タル能ハサルモノトス。」

そして、同趣旨の判例として、「兇徒嘯集罪（旧刑一三七条）ハ多衆カ現ニ官庁ニ喧閙シ官吏ニ強迫シ又ハ村市ヲ騒擾シ其他暴動ヲ為スコトト其暴動カ多衆共同ノ意思ニ基クコトトニ依リテ成立ス従テ多数ノ人カ此等ノ暴動行為ヲ為スモ暴動者ニ意思ノ合同ナキトキハ本罪ヲ構成セス」（三五年大審院判決録五巻一〇五頁）を引用しておられる（前掲七〇頁）。

（二）判例【5】の(2)の上告理由が示唆するように、右の大場博士の所説が【5】の(1)によって確認せられた平事件第二審判決の判旨の基礎となったものと思われるが、「騒擾罪の成立に必要な共同意思」（前出【41】(1)―(3)参照）について述べたように（前述一四四頁）、騒擾罪の成立に必要な共同意思と、騒擾罪の責任要素としての故意とは、区別して考えなければならないであろう。そして、責任要素としての故意については、実行行為者の暴行・脅迫の意思が確定的かつ明白に表示されたとき、その実行行為者の明白かつ確定的な犯罪的意思を認容して、その合同力に加わることによって、附和随行者の故意は成立する、と考えなければならないであろう。

四　騒擾罪と共犯規定の適用

（一）騒擾罪に関して刑法総則の共犯規定は適用せられるべきか。この問題については、序説の三の（一）で、学説・判例に関し一般的に述べたほか、本論三の一・二で、具体的事案の内容について共犯規定の適用を考えておいた（判例【42】―【44】、【46】、【51】―【53】に関連して）。

まず、騒擾罪は群集犯罪であるから、群集の内部にあって群集の構成員である者は、現実の暴力行為を分担しない者であっても、その群集の心理および暴力行為に有力な原因を与え、全体としての群集の活動の一部をなすものであるときは、騒擾罪の教唆・幇助ではない。やはり、その者について騒擾罪が成立し、それが単なる助勢か率先助勢か、更には指揮者であるかによって、刑法一〇六条の二号または三号の適用を受けるであろう。その意味で、次の判例は妥当である。

【56】「苟クモ多衆カ共同シテ騒擾ヲ為スコトヲ共謀シ其ノ暴行脅迫ニ対スル妨害アリタル場合ニ之ヲ排除スル決意ヲ以テ見張リヲ為シ其ノ気勢ヲ高メタル者ハ仮令自ラ直接暴行脅迫ノ行為ヲ為ササルモ特ニ騒擾ノ程度ヲ増進スヘキ有力ナル勢援ヲ与フルモノナルヲ以テ騒擾罪ノ率先助勢ノ正犯トシテ論スヘク其ノ従犯トシテ之ヲ論スヘキモノニ非ス原判示事実ニ依レハ被告人弥三郎長松嘉吉等ハ岩井派ノ乾分ナルトコロ鬼頭派ノモノト共同シテ長政派ニ対シテ復讐的ニ争闘スルコトヲ共謀シ其ノ方策ニ付熟議ノ上鬼頭派ハ主トシテ潮湯ノ館内ニ於テ暴行シ岩井派ハ主トシテ同館外ニ於テ之ヲ援助スルト共ニ長政派ノ来襲ヲ撃退シ騒擾ヲ為スコトヲ決意シ被告人弥三郎長松嘉吉等ハ争闘用ノ鳶口ノ柄数本ヲ準備シ率先シテ潮湯ニ押寄セ長政派ノ来援ニ対シテハ防戦ヲ為シ鬼頭派ノ者等ヲシテ同潮湯ニ於テ何等顧慮スルコトナク騒擾行為ヲ遂行セシムル為同館付近ニ於テ中谷ビルデイングノ燈火ヲ滅シテ見張ヲナシ鬼頭派及岩井派ノ一部ノ者ヲシテ同潮湯内外ニ於テ安シテ暴行脅迫等ノ本件騒擾行為ヲ為サシメタリト云フニ在ルヲ以テ被告人弥三郎長松嘉吉ノ判示行為ハ率先シテ本件騒擾罪ニ於ケル暴行脅迫ノ行為ノ気勢ヲ援助シタル所謂率先助勢ノ行為ニ該当スルモノニシテ原判決ノ如ク他ノ被告人等ノ率先助勢及附加随行ノ行為ヲ幇助シタル従犯トシテ論スヘキモノニ非ス然ラハ原判決カ被告人弥三郎長松嘉吉ノ本件行為ニ対シ刑法第百六条第二号第三号第六十二条第一項ヲ適用処断シタルハ擬律ノ錯誤アルモノニシテ此ノ点ニ関スル原判決ハ破毀ヲ免レス論旨理由アリ」(大判昭二・一二・八刑集六・四八八)。

すでに述べたように、右の判旨はもとより妥当であるが、右の判決によって破毀せられた原判決が、その当否は暫くおき、ともかくも騒擾罪に関して共犯規定の適用を考えている事実は、一応、注目に値しよう。

（二）　しかし、問題は、群集の外部にあって（多衆聚合の外にあって）群集の暴力行為に原因を与え、または、その暴力行為を容易ならしめた者については、騒擾罪そのものが成立するのか、あるいは騒擾罪の教唆ないし幇助が成立するのか、それとも全く処罰の外に置かれるのか、ということである。そして、この点については、すでに一言したように、序説の三の（一）で、学説・判例に関し一般的に述べたほか、本論三の一・二で、個々の具体的な事案について、共犯規定の適用を考えておいた。今、それをここで繰返し述べることはしないが、結論的に言って、判例は、抽象的理論としては、判例【4】の言うように、騒擾罪の主体たるべき者は刑法一〇六条に限定せられているので、首魁に非ざれば騒擾の謀議に参与するも、刑法一〇六条二・三号所定の行為をなさざる以上、騒擾罪に問擬することを得ずとして消極説を採っているが、しかし、実際は、首魁のみならず、指揮者・率先助勢者についても、騒擾の現場にあることを要しないと解しているので（前出【46】、【51】―【53】）、本来、騒擾罪の教唆犯ないし従犯として処罰すべきものまで刑法一〇六条二号の正犯として罰しているのである。これは、その共謀共同正犯論ないし共同意思主体説的なものと密接不可分の関係があるように思われるが、それはともかく、刑法の解釈において罪刑法定主義の原則を尊重する立場からは、やはり、騒擾罪の規定の解釈は厳格にして、多衆聚合の外部にあって騒擾に関与するものについては、共犯規定の適用を考えるべきであろう。

その場合、首魁、指揮者、率先助勢者または附和随行者の個々人に対する教唆または幇助の場合は、それぞれ刑法一〇六条各号の教唆犯または従犯と見るべきであろうが、すでに判例【53】に関して述べたように、いわば集団そのものに対する幇助と認められるような場合は問題である。この点について、伊達教授は、「現行法の建前としては本罪関与者のすべての行為に対する幇助と見る外はないと考える。但し、それは観念的競合と見るべきではなくして、本罪の集合犯又は集団犯たる特質上最も重い行為に対する一個の従犯（たとえば全行為を首魁に対する従犯と見る）として処断すべきであろう」（刑事法講座七巻二四四一・四二頁）としておられる。

結　論

以上において、われわれは、騒擾罪に関する判例の検討を通して、騒擾罪の規定が、いかに解釈・適用せられなければならないか、を考えて来た。

そこで、最後に、この研究の結論のようなものを簡単に要約しておきたい。

一　騒擾罪は群集犯罪であると言われる。そして、群集犯罪としての騒擾罪に関する刑事学的認識は欠くことができないが、しかし、それは騒擾罪の規定の解釈を指導するものでもなければ、制限するものでもない（序説の一）。騒擾罪の規定の解釈は、騒擾罪の本質の把握を基本として、目的論的になされなければならない。そして、騒擾罪の本質に関する問題として、二つのものが論ぜられた（二の一）。その一は、騒擾罪の本質は、官憲に対する反抗を内容とする暴動とは性質を異にし、専ら公共の安寧・平和に対する犯罪だとする考え方の当否であり、第二は、騒擾罪は抽象的危険犯か具体的危険犯かの問題である。この二つの問題は相互に内的に関連しているのであつて、その結論として、規範的に修正

（解釈）された抽象的危険犯説が妥当とされた。これは、今日わが国の通説ともいうべきものであるが、そこから、騒擾の概念を構成する「多衆聚合」の意義および「暴行脅迫」の意義が論ぜられた。

二　まず、多衆の意義については、今日わが刑法の解釈としては、学説・判例が一致しているといってよい。そして、その多衆の「聚合」は、群集犯罪としての騒擾罪における群集形成の問題であるといってよいであろう。この点に関する判例の解釈も、大体において妥当である。ただ、「苟モ多衆聚合シテ共ニ暴行脅迫ヲ為シタル以上、騒擾罪ハ之ニ依リ成立スベク、其ノ集団ノ性質並其ノ行為ニ出デタル動機目的ノ如何ハ毫モ同罪ノ成立ニ消長ヲ及ボスベキモノニ非ズ」（【23】）とする判判は、今日再検討を要するであろう。なお、内乱罪との関係において、ドイツ刑法にいわゆる「暴動罪」（Aufruhr）に当る場合が、わが刑法の解釈としては、多くは「騒擾罪」を構成するものとせられていることに注意しなければならない。

三　暴行脅迫の意義については、まず、その暴行脅迫の程度が問題である。判例は、他の罪名に触れない程度のもので足りる、と解しているが、多衆の暴行脅迫が相当の程度に達し、「一地方における公共の平和・静謐を害する危険性を帯びるに至る程度のもの」であることを要するものと解するのが妥当である。そして、これが、今日わが国の通説といってよいであろう。

次に、問題は、騒擾罪の成立に必要な共同意思の意義である。この点については、いわゆる平事件の第二審および最高裁判決において、注目すべき議論の展開がなされた。それをやや詳しく検討した。そして、その結論として、まず、騒擾罪の成立に必要な共同意思と、騒擾罪の責任要素としての故意とを区別して考えなければならないこと、次に、騒擾罪の成立に必要な共同意思については、平事件最高裁判決の判旨は妥当であるが、しかし、責任要素としての故意については、いわゆる未必の故意論は問題である（【41】の(3)）。

四　第三章「騒擾に参加した個人の刑事責任」では、首魁、指揮者、率先助勢者および附和随行者の意義を判例によつて明らかにするとともに、とくに個々の具体的な事案の内容について、共犯規定の適用を考えておいた。そして、判例は、抽象的な理論としては、騒擾罪の主体たるべき者は刑法一〇六条に限定せられているので、首魁に非ざれば騒擾の謀議に参与するも、刑法一〇六条二・三号所定の行為をなさざる以上、騒擾罪に問擬することを得ずとしているが（【4】）、しかし実際は、首魁のみならず、指揮者・率先助勢者についても、騒擾の現場にあることを要しない（【46】、【51】—【53】）、と解することによつて、本来、騒擾罪の教唆犯ないし従犯として処罰すべきものまで、刑法一〇六条二号の正犯として罰しているのである。しかし、刑法の解釈において、罪刑法定主義の原則を尊重する立場からは、やはり、騒擾罪の規定の解釈は厳格にして、多衆聚合の外部にあつて騒擾に関与するものについては、共犯規定の適用を考えるべきであろう。

地方裁判所判例

判　例　索　引

著者紹介

藤《ふじ》木《き》英《ひで》雄《お》　東京大学助教授
大《おお》野《の》平《へい》吉《きち》　熊本大学助教授

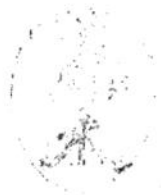

総合判例研究叢書　刑　法（18）

昭和38年 2 月23日　初版第1刷印刷
昭和38年 2 月28日　初版第1刷発行

著作者　藤　木　英　雄
　　　　大　野　平　吉

発行者　江　草　四　郎

東京都千代田区神田神保町2ノ17
発行所　株式会社　有　斐　閣
電 話（331）0323・0344
振替口座 東京370番

理想社印刷・稲村製本

総合判例研究叢書 刑法(18)
(オンデマンド版)

2013年2月1日　発行

著　者　藤木　英雄・大野　平吉

発行者　江草　貞治

発行所　株式会社 有斐閣
〒101-0051　東京都千代田区神田神保町2-17
TEL　03(3264)1314(編集)　03(3265)6811(営業)
URL　http://www.yuhikaku.co.jp/

印刷・製本　株式会社 デジタルパブリッシングサービス
URL　http://www.d-pub.co.jp/

AG518

ISBN4-641-91044-8　Printed in Japan